悪循環と好循環

互酬性の形／相手も同じことをするという条件で

マルク・R・アンスパック
杉山光信❖訳

Mark Rogin Anspach
À CHARGE DE REVANCHE

新評論

はじめに

人のつくる諸々の関係は、復讐から贈与に至るまで、あるいは贈与から市場に至るまで、いつでも相互性のしるしを帯びている。プレゼントとして物を贈ればお返しがくるし、好意を示せば好意で対応してもらえる、悪意を持って接すればその報いがくる。人を褒めたり侮辱したりしてもそれ相応のお返しはくる。そこでマルセル・モースはどのような理由で必ずお返しされることになるのかと、問いを立てたのである。モースはこの問いに答えるにあたって精霊のハウに支援を求める。「つまるところ、お返しをさせるのはハウである」と。ハウというのはマオリ人の間にいる魔術的な力を持つ贈与の精霊の名前である。

魔術がすっかり効力を失っている現代の社会では、私たちの外部にいて人間に超越の高みから働きかける神々や魔術の力を持つ精霊など、第三者の介入を私たちは信じていない。どのようなハウも贈ったものと一緒に戻ってくるとは誰も思わない。

しかし、考えてみると精霊や神々も、人間たちが取り結ぶさまざまな相互作用の全体を通じてつくり出す循環的関係を、人間の外部にあって人間に働きかけるものとして摑んだものに他ならないし、人間の社会生活の中でこの循環的関係がなくなることもない。その限り人間たちの外側で超越して存在するこの循環的関係が何らかの形を取って人間に立ち現れることはいくらでもあることになろう。

そして相互作用関係から生じる効果は、二人の個人間での交換の結果からだけでは説明しきれるものではない。関係する二人の個人を超えた第三の人物の働きは、この第三の人物が自分とは無縁の行為者としてむりやり介入してくる相互作用関係そのものに他ならないとしても、いつでも出現するのである。

相互性の関係は、人間にとって良いものであることも、良くないものであることもあり、好循環をなしたり逆に悪循環であったりする。第1章では、復讐の悪循環から贈与の好循環への移行を論じている。太古の人間社会では神々や精霊たちに援助を求め、相互に暴力で応酬する関係から抜け出ることで、平和のうちに行なわれる贈与交換を生み出す。暴力のマイナスの相互性から抜け出させ、プラスの相互性への道を開くのは、生け贄を供える供犠なのである。

第2章では、プラスの相互性の行きと帰りを探求する。ここでは、贈与の気前よさがどのようにしてお返しの義務と折り合いをつけるのかを、また、この義務が太古の社会の贈与から現代の市場に移行すると、どういう事態が生じるのかを見ていくことになる。商品交換をグローバルなレベルで監視する個人たちを超える第三の存在があるとしたら、それは国家なのであろうか。

第3章では親密性の領域に向かう。市場に支配されている私たちの社会において、カップル関係はいつでも贈与関係を基礎に置いているが、結婚はしだいに宗教の枠組から抜け出している。性愛的な相互のやりとりからクリスマス・プレゼントによる相互交換、あるいは相手への相互の借りという逆説に至るまで、私たちはカップル内での相互性を理解するために、原始の贈与現象からどのような教訓を引き出すことができるだろうか。ここには、ディナーのあとで食器を洗うのは誰？という、誰もが心を痛めた覚えのある問題が含まれていることを忘れないでおこう。

社会での生活は、経済と家庭の二つの領域だけで構成されるわけではない。第4章では政治の領域に立ち返る。ある人々は、市場を神経系あるいはオートマット・ネットワークのモデルに従う存在とみなし、それ自身で動く「自己制御的性質」を備えているものと考え、どのようなものであれ国家は市場に介入してはならないという。けれども、個々の人間たちの行為の総和が超越的な力として最もはっきりと出現するのは市場という経済領域においてではないか。昨日と同じく今日も、人は悪循環から抜け出ることを学習しなければならない。悪循環のもとでは、人間たちは自分とは別のものになってしまい、その状態から出られなくなるのである。

謝辞

この小さな書物は生まれるまでに長い時間を要している。本書の核心になっているのは一九八六年と八七年にＣＲＥＡ（応用認識論研究センター）の研究紀要とＭＡＵＳＳ（社会科学における反功利主義運動）の会誌に発表されたダブルバインドから見た贈与の分析であり、それぞれジャン＝ピエール・デュピュイとアラン・カイエの世話になっている。いつもながらの気前よさでジャン＝ピエール・デュピュイはまだ大学生であった若いアメリカ人の筆者を同僚として迎えてくれ、まさに世界でも他に類のない学際的研究グループの中での冒険に参加する機会を与えてくれた。本書を構成する論考は筆者がＣＲＥＡで進めることができた研究の多様さを証言し、そこでの卓越した研究の進め方から筆者が受け取った着想をよく示すものである。

贈与についての研究を多年にわたり続けることができ、励ましを与えてくれたことでは、筆者はアラン・カイエに多くを負っている。この書物はアラン・カイエが『贈与の人類学』の中で「第三のパラダイム」と名づけているものへの寄与として読まれてよいものである。それと同時に、この仕事は「第三者についてのパラダイム」と呼ぶこともできるような枠組の中にあるが、このパラダイムはリュシアン・スキュブラが論文「三者なしには二者もなし—相互性の原初構造についての考察」において基礎を据えたものである。

リュシアン・スキュブラは本書を完成させるまで数度にわたって書き直された原稿を、そのつど辛抱強く読んで批評してくれた。リジナルド・マクギニスは本書の最初のバージョンにおいて非常に有益な指摘をいくつもしてくれた。ジョン・ステュアートの説明は免疫系の自己制御について欠かせないものであったし、ポール・デュムシェルの説明は囚人のジレンマについて欠かせないものであった。ジャン゠ピエール・デュピュイは最終原稿に目を通してくれたほか、筆者にさまざまな便宜を図ってくれた。

ここで発展させてある思想のいくつかは、ジャン゠ポール・ミュニエが主宰したシステム学研究所のセミナーで研究者たちに発表されたものである。この著作の一部分の起源は、コルネリウス・カストリアディス、ミシェル・ドギュイ、ジャン゠クロード・ガレ、ルネ・ジラール、ミシェル・セール、アール・テイラーなどの人々が参加する各地の大学での研究集会でなされた発表に遡るもので、これらの方々にも感謝している。

本書の中で示されている諸々の見解への批判は筆者一人の責任に帰されるものである。

人の存在とはいくつもの悪循環の重なりである。これらの悪循環がそれら自身で作動していることは大いなる神秘である。しかし、それらサイクルのどの中心も、人は最後の悪循環から抜け出てもすぐに初めの悪循環に入り込むという、一つの円環の上にある。

ルネ・ドマル

悪循環と好循環／目次

悪循環と好循環

互酬性の形／相手も同じことをするという条件で

凡例

本文中の「　」は著者のもの、〔　〕は訳者の補足。

Mark ROGIN ANSPACH

À CHARGE DE REVANCHE

Figures élémentaires de la réciprocité

第1章

復讐と贈与

その通り、まさにそのこと、時間と時間が行なったことへ対抗しようとする意思への反感、それが復讐である。

フリードリッヒ・ニーチェ

組織が血のつながりに基礎を持っているところではどこでも、ヴァンデッタ（あだ討ち）の慣行が見られる。共同体全体の生はヴァンデッタに表現を見い出すのだ。それは個人の領分を超えてしまい、同時に宗教的崇拝の対象となる理解しがたい力である。

フリードリッヒ・ニーチェ

殺した者は殺せ

人を殺すということは最高の冒瀆行為である。人を殺した人間は自らの首でもって代価を払わなければならない。

それでは、人を殺した人間を殺す場合はどうなるだろうか。

人を殺してはならなかったのであるから、人を殺した人は殺さなければならない…。すべての人間社会が最初に直面させられたはずの「人を殺した者は殺す」というこの解決法は一つの悪循環をなし、人間社会は何らかの仕方でこの悪循環から抜け出さねばならなかった。その際に出発点をなすのは、人を殺した場合は取り返しがつかない、原状回復ができない、という単純なことである。このことは明白であるが、復讐はこの明白なことを受け入れない。人を殺したことを取り消して元に戻すという力はどこにもないのだが、復讐は殺した人を無に帰させることで失われた均衡を取り戻そうとする。そこでの合い言葉は、殺した者は殺せ、である。

ひとたび仕返しが達成されると失われた均衡は回復されるが、しかし均衡が回復されるとすぐに、今度は殺された殺人者に近い人々がこの「殺した者は殺せ」という合い言葉を適用しようとするため、均衡は新たに脅かされる。というのも、この場合の殺人者の近親者たちは復讐の掟に従った仕返しによってもたらされた死を受け入れることがないからである。フランソワ・トリコはこう言う。「ほとんどすべての「復讐の文明」において、身近な人々のうちの誰かの殺害は、敵側の人の目には十分な理由を持つとされても、私にとっては絶対的で神聖な借りを背負い込むことの始まりであって、その借りは私が借りを返す番になったときにのみ、すなわち仕返しとしての殺害を果たしたときにのみ、返済されるのである。それゆえ一つの殺人に対しその殺害者を殺すという仕方での補償は、次に新たな補償を必要とし、それは終わることがない！」(1)。

血で血を洗うこの必要性については、敵対する両陣営の間でも完全に一致している。こうして、最も極端で最も激しい対立が、同一の原則の基礎の上でもたらされることになる。「殺した者は殺せ」、二つの党派がこの原則において一致している限り、敵対関係はそれ自身で持続していき、それだけで自律して動くメカニズムの規則性を示すことになる。復讐に参加する人々は自らの意思に関わりなく行動する。人々はメカニズムの歯車でしかないのである。

このメカニズムの働きは、数学的な関数形式（つまり$y = f(x)$の形）にならって次のように示すことができる。

復讐＝殺す（殺した者）

である。ここでは殺した者を襲う復讐者は文字通りに、つまりその行為と同時に自分に死をもたらすことになる。この公式が指示する操作は「殺す」関数の変数xの項に復讐の実行者を代入すると今度は代入された復讐の実行者がこの関数の指示する演算（＝殺す）の対象になるということである。復讐の実行者に対して実行されるのはこの関数の指示する操作である。したがって、

殺す（殺した者）＝殺す（復讐の実行者）

となる。

この形式的で没人格的な公式は、この関数の変数xに誰が入っても同じであるという性格のゆえに、妥当なものとされる。初めに殺害をした人物を次に殺す人物（仕返しする者）について、「彼は単なる「復讐のメカニズムの手段」にすぎなかった」と人は言わないだろうか。その人はその人を超える

プロセスが作動するために求められるが、実は他の誰でもよい行為者にすぎない。その人の行う仕返しは大文字で書かれる「復讐」のメカニズムの発動にすぎず、時間的に最近時にメカニズムを作動させた人として、自動的に目印を付けられる。

殺す者の役割と殺される者の役割との間には絶えざる往復があり、その役割は実行者たちがどこまでも続くことによって継続的に充足される。実行された殺害を原状に戻す力は存在しないから、先に見たように、復讐のメカニズムが殺害者を取り除こうとするのである。しかし、新たな殺害者を生み出すことなしには、このメカニズムは先行する殺害者を無に帰させることはできない。復讐は最初の殺害の行為が乱してしまった集団間の均衡を回復させることはないのであり、その行為が生じさせるそれぞれの新たな殺害はいつでも勘定の過剰をもたらすからである。勘定の清算はいつまでも続く。それというのも計測メーターがゼロになることはないからである。とすると、最後に殺害をしなければならない人物は、どうしてもそのあとに支払わなければならない負債を残すことになる。復讐の計算は負債を一方の側から他方に移動させるだけであって、決して均衡点に達することはない。

このプロセスの中にいる個人のレベル、すなわちこのプロセスを内側から眺める個人のレベルにとどまっているときには、物事の見え方は少なくとの上記のようである。しかしながら個人のレベルではなく、個人と個人がつくる関係というレベルに位置を取ってみるなら、そう言ってよければ上位レベルからこのプロセスを眺めてみるなら、一つの均衡が存在していると十分言えるのである。ただしこの均衡は一つの不動な一点として存在しているのではない。諸プロセスはある「不動点」に収斂するのでもなければ、数学者が固有値と呼ぶものに収斂するのでもない。ここで認識することが必要な均衡はそれとは異なるタイプのものである。その均衡は振り子運動の規則性を、つまり、このプロセスの循環的性質が保存している規則性を基礎としている。それはシステムの安定した振る舞いによって示される動的均衡であって、固有値ではなく、「固有の振る舞い」なのである。

固有の振る舞いを保存することとは、「固有の生命」を持つシステムの、つまり自律的な諸システムの特性である(2)。自らの活動の産出物を用いて自らを存続させる能力、あるいは自らの活動の産出物を手段として自らを再生させていく能力は、生物有機体およびそれ以外のすべての自己維持システムを特徴づけるものである。復讐のメカニズムも自らを存続させるが、その理由は、復讐がそれを実行する人間に対して作用するような殺人者を自らの運動によって無限に生み出すからである。復讐はいつでも後ろを眺めるが、その結果はというと、どうにも止めることのできない前方への逃亡である。

復讐のこれらの特徴のすべてはイスマイル・カダレの小説『砕かれた四月』の中によく示されている。この簡潔な文章で書かれた小説は、その仮借ないメカニズムを強調することで、アルバニア人のもとにある復讐のシステムの様相を描き出している。主人公ジョルグは兄が殺害されたことにより、心ならずも復讐のサイクルに引き込まれる。物語はジョルグが自分の兄を殺害した人物を殺す三月一七日に始まる。そしてその一カ月後、今度はジョルグが倒されるところで終わる。大地に横たわり死にゆく中で、ジョルグは全速力で遠ざかっていく足音を聞いている。そして彼はこの足跡が誰のものであるか自問する。答えは彼の意識に一つのひらめきとしてやってくる。「ああ、僕の足音じゃないか！　三月一七日、ブレズフソットに近いあの道で…。一瞬意識が薄れ、それからまた足音の響きが聞こえた。やはり自分の足音のように思える。あれはほかの誰でもない、自分自身なのだ。打ち倒したばかりのわが身を背後に残したまま、ああして走り去っていく者は」(3)。

暴力のサイクルが自分のもとで完結する瞬間に、ジョルグは一カ月前に引き戻されている。彼は自分の行なった殺人の場から逃げていく彼自身の足音を聞く。復讐者の逃走は、彼をして冷酷にも以前の同じ場面、殺害者が殺された過去のこの場面へと立ち戻らせる逃走なのである。殺した者を殺すことで、ジョルグは先に他者に自分を殺させるのと同じほど確実に、自分を死の運命に向かわせたのである。

先に他者に自分を殺させる、次に自分がその人を殺すという条件で。ここにあるのは物事の理に反する取り決めであるが、アイルランド伝説の叙事詩に出てくる「ブリクリウの供宴」の物語の中で他所者である巨人ウアトがウルスターの勇者たちに対して投げかける挑戦、その根底にあるのは、これである。この他所者ウアトは自分との約束を守り、自分との合意を尊重してくれる人物を探して世界中を遍歴しているのだ、と説明する。彼はこう言う。「ここに戦闘の斧がある。今日、私の首を切り落とし、その者の首を明日私が切り落とすとしてこの申し出を受け入れる者は誰かいないか」(4)。この挑戦は、原状を回復できないわけではないという殺人に関する夢想を呼び起こす。原状回復が可能な殺人という考えからは、復讐のサイクルをもとに戻すことが可能だという考えも引き出されよう。人を殺す者は自分の首を代価として支払わねばならないのではないかと。それなのに、先に代価としての首を支払い、あとで人を殺すというのは一体どういうことか。

復讐のサイクルを逆向きに変えることは、先に他者に与えることである。もちろん、先に他者に自分の首を差し出すことができるのは巨人という魔術的な力を持っている存在しかいない。しかし「ブリクリウの供宴」の中で、よそ者によって投じられたこの挑戦の中にある論理は、一見したところそう思われるほどには突飛なものではない。事実、原始的な社会秩序の根底そのものにはこの論理を見い出すことができるのである。贈与交換を支えるのは、この論理に他ならない。

贈与交換においては、人は明日に他者から何かを受け取るために、今日何かを他者に与える。たしかに、もし明日もなおその場にいたいと思うなら人は自分の首を差し出したりしない。(5) しかし、他者に与えられるものはいつでも贈る人自身の延長であるから、贈る人の一部分を含んでいる。マルセル・モースは次のように言う。「ある者に何かを与えることは自分自身の一部を与えることであるという結果が出てくる」(6)。人は、他者から何かをお返しとして受け取ることを予想しつつ、自分に属している何かを贈る。復讐の論理と贈与交換の論理との主要な違いは、それらの行為が相互性を予期してなされるかそうでないかにある。

復讐というマイナスの相互性においては、ある人から一撃を受けた人がその人に一撃を返すのは、相互にやりとりするものを返すためであって、受け取るためではない。(7) 人はお返しを求めていないのに、いわばお返しの方があなたを求めてやってくるのである。お返しにあなたに一撃を与えたがっているのは他者の方なのである。贈与というプラスの相互性の中では、人は他者の望みをあらかじめ知っているから、先にその望みのものを他者に与える。あるいはこう言ってもよい。人は他者がその望みを表明するよりも前に、気前よく他者の望みを満たすために、自分でコストを払うのだ、と。

先に振る舞う気前よさをよく示すのはモリエールの『ドン・ジュアン』の冒頭における従者のスガナレルの台詞であるが、そこではタバコを人にすすめることの「効用」が語られる。「な、そうだろう。一服つければどなたさまにもお愛想はよくなるし、どこに顔出ししても、喜んで左右にお愛想が振りまきたくなるじゃないか？　他人さまから催促されるまでもなく、して欲しいことはさっさとしてやれる」(『ドン・ジュアン』鈴木力衛訳、岩波文庫、一九五二、五頁)。ミシェル・セールは「いかにして貴族的人間になるか」と問い、モースの「贈与論」の視点から『ドン・ジュアン』を読み直している。「催促される前に差し出すこと、求められているものを先に察知して贈ること、受け取ることとお返しをすること」(8) で貴族的人間になるのだという。復讐というマイナスの相互性では過去を見ていたのに対して、贈与交換というプラスの相互性では見る方向をこのように未来に変更している。ところで他者の望みを先に察知してするところの贈り物は、同時に贈与者が次に貰いたいと望んでいるものとの間で相互性（互酬性）を構成する。そしてもし受贈者が今度はあるものを贈るなら、それは初めの贈与者がすでに前もって支払っているものなのである。

初めの贈与者は前もって代金を支払っていた。代金を負担することは一撃を与えることではないが、この行為は自己犠牲を払うことに等しい。モースは「物を与える場合に、人は自分自身を与える」[9]ことを強調している。たしかに贈り手は常に自分に対して何かを犠牲にしている。この考察をもっと進めると、贈与の論理は最終的には自己犠牲に到達してしまうことを否定できなくなる。事実、殺人が最大の冒瀆であるとするなら、自殺は「最高のお返しをすること」である。「贈与論」の少し後の時期に著された小論文の表題は実際こう付けられていて、この小論でモースはポトラッチ〔もとは北米先住民族社会に見られる儀礼的な贈り物競争の習慣〕を特徴づける顕示的な気前よさの驚くべき例を示している。

紀元前一世紀のギリシャ人の地理学者でアルプスの北側に位置するガリア地方のケルト人を訪れて記録を残したアパメアのポセイドニオスは、このこととの関連で問題となる記述を残している。それはケルト貴人の祝祭の儀式についての記述である。「儀式の行われる部屋で、ある者たちは客人たちから金や銀でできたものを、その中には数に限りのある葡萄酒の混酒器も含まれているが、受け取る。これらの贈与の品々が受け取られたことを、その者たちは〔客人たちに〕おごそかに証言させる。ついでこれらの金銀でできた品々を列席している自分の身内の者や友人たちに分け与える。そのあとで、その者たちは、自分たちの盾の上に仰向けの姿勢で横たわる。すると音も立てずに出てきた介添人役の従者が、その者たちの首を剣で切り落としたのである」。ここでは贈り物を受け取った代価を文字通りに自分の首でお返ししているのだが、この交換の中にモースは「ポトラッチの制度のガリア的形態」を認めているだけでなく、「ポトラッチの制度はケルト人のもとで最高点に達している」ことも見ている。ここでモースが「ブリクリウの供宴」で詳しく描かれた挿話を思い浮かべていたことはこの小論の中でも明示されている。[10] この物語では、他所者である巨人ウアトは列席者たちに自分の首を切るように求め、そのうちの一人がそれを実行すると、次にウアト自身にその人の首を切らせることを求めるのである。[11]

他所者の巨人ウアトにより投じられたこの挑戦は神話的な形のもとで行なわれるものだが、それによって復讐から贈与交換へと移行しうる相互的な自己犠牲が描き出されることになる。さて、復讐のサイクルに見られるようにその方向が過去ではなく未来に向かって逆向きに進むことは、超人間的な力を持つ巨人にとっては難しいことではないだろう。しかし、単なる人間たちの場合、そうした逆向きの移行を達成することはできるだろうか。移行は贈与交換において可能になるとモースは言う。贈与交換において人々は「互いに殺し合いすることなく向かい合い、互いに犠牲を払うことなく自らを与える」手段を見い出したのである。

しかしながら人は前もって暴力のサイクルから抜け出すことなしには贈与交換のサイクルに入ることはできない。モースはさらに考察を続けている。「交易を開始しようとするためには、まず初めに、武器を捨てることができなければならない」[12]。ここで私たちに説明すべきこととして残されているのは、人が槍を地面に置く瞬間、人が暴力に対して暴力を返すのをやめるまさにその瞬間のときについてである。現実の場では、人々はどのようにして「殺した者は殺せ」という原則の影響から逃れたのであろうか。

とても強力な取引

流血の復讐関係を終わらせようとするとき、中央アフリカのある部族の戦士たちがどのようにしたか見てみよう。人類学者のイゴール・ド・ガリーヌは次のように書いている。「チャド共和国のムセイ語を話す地方の南部で、ドモ族の人々とベルテ族の人々は一人のムセイの奴隷を代理として送り出す。慎重にことが運ばれるこの生け贄の儀式では、この奴隷が憔悴してしまう様子はほとんど気にかけられない。二つの部族の境界にやってくるとこの奴隷は一匹の生きた犬を刀で断ち切る。そしてこのとき次のように唱える。ここにおられるスルクナ、私どもはあなたに対して一匹の動物ののどをかき切って殺しました。これは、今後はもはや誰も殺されないこととの強力な取引です」[13]。ところでこのスルクナは何を意味しているのだろうか。人間たちの運命を司るこの恐るべき力とは何だろうか。スルクナは「流血の復讐関係」を意味している。生け贄が供えられるのは流血の復讐関係そのものに対してであり、犠牲として捧げられる犬は流血の復讐関係を平和な関係に戻すのに役立てられるである。

復讐関係から抜け出るためにこれらムセイの戦士たちはスルクナに何も贈らなかったのではない。その反対であって、戦士たちは一つの祭礼を捧げたのである。彼らは祭礼に、儀式に、犠牲獣に助けを求める。というのはこの世の人間である戦士たちは、超人間的な力の支援なしには復讐関係のサイクルを逆向きに動かすことはできないからである。実際、人間には誰一人として巨人ウアトの挑戦の高さに昇ることはできない。ひとたび開始されてしまうと復讐は人間たちのコントロールを超えてしまい、先に見たようにまるで復讐自身が独自の生命を持っているかのように、いつまでも存続する。つまり復讐は自律化するのである。人間に対して自律したものとなることで、復讐は人間たちから自律性を奪ってしまう。復讐する人間は自分の意思で行動するのではない。彼には殺した人間を殺すという以外に選択肢は残されていない。彼は彼を超える力の手段でしかない。ムセイの和平のための儀式が人々の心に刻み込むのはこのような状況に人間がいることである。

しかし、このような事態（復讐関係）が人間の力を超えていることを忘れないために、ムセイの人々もそれ以上のことをしている。彼らはこの事態を変形する。復讐の関係を、彼らを外側から支配する力として表象することで、彼らは復讐関係に対して距離を取り、距離を取ることでその影響力から解放される。解放のための最初の一歩をこうして踏み出すことで、ある種の自律性の空間を手に入れるからである。それ以後では復讐関係を一つの外的な力として扱うことができる。彼らが捧げる一つの拝礼、儀式を捧げるというやり方でこの関係を操ることができる。この拝礼は復讐を、「今後はもはや誰も殺されない」ことを保証する超人間的な力にする。こうして復讐関係からの出口は、スルクナという人間界を超える存在、すなわち超越を認めることで、開かれるのである。

スルクナの精霊は現実に外在して存在する人と人の関係に想像上の存在の形姿を取らせたものである。そう言いたければ物象化されたものと言ってもよい。しかし、現実にはそのような精霊がいないとしても、人と人との関係の物象化物である精霊はその存在を信じている人々の生活に対しては、実際に効力をもたらすのである。この物象化は一つの社会関係を反映するものであって、人間たちにいささかの自律性を取り戻すための手段を与えることで、今度はその社会関係を変化させる。それゆえ本当に、「きわめて強力な取り引き」なのである。

スルクナとはムセイの人々がマイナスの相互性（互酬性）の物象化物に対して与えている特殊な名称である。とするなら、それはまた平和を与えたり取り上げたりする力を持つすべての神々の原型でもある。そしてこの神々のうちには、人間の暴力に責任を負う神々から、「復讐は私にせよ、私はそれに報賞で報いよう」と述べる聖書の神までが含まれる。暴力を担ってくれるのは暴力を投げ返される神なのである。それゆえアンリ・アトランはこう考察する。「〔人は〕自分たちが暴力を取り除くことに責任があると考えているかもしれない。〔…〕世界の中での暴力の聖性をふるい落とす最も良いやり方は、暴力を超越に投げ返すことである」[14]。

しかし、この最後の犠牲者が本当に最後でありもうこれ以上殺される者は出ないということを保証するのは何であろうか。それぞれの殺害者を次の殺される者にするこの連鎖を終わらせるための犠牲者となるのは何であろうか。殺した者が次の回に殺されないためには、前回に人を殺していない者がここで殺されることが必要になる[15]。言い換えると、殺した者と殺される者との連鎖を断つことで、人は「殺した者は殺せ」の原則と根底から手を切る。復讐関係に取り込まれている人間ではないものを、たとえば真っぷたつに切られる犬あるいは「供犠の力により憔悴しかねない」奴隷のようなものを、供犠の際に捧げる生け贄として人は選ばなければならない。この新しい原則は復讐関係を終わらせる特有の供犠について次の公式を与えてくれる。

供犠を捧げる＝殺す（殺さなかった者）

こうして正反対の原則に従うことで人間たちは「殺した者は殺せ」原則の影響から自由になる。相互性の関係にあるのではない一つの暴力を手段に用いることで、人は暴力の相互性の関係から抜け出る。

しかし暴力の除去は暴力なしには達成されない。暴力の相互性の悪循環からは、それ自身暴力の行為である生け贄を捧げる供犠によって抜け出るのである。私たちの取り上げているムセイの人々の例では、スルクナは復讐の暴力に具体的な形象を取らせたものであるだけでなく、生け贄を捧げるという暴力を命じるものである。この精霊には祈りを捧げるだけでは十分ではなくて、人々は精霊のために一匹の動物ののどを掻き切る。こうして超越に向かって、最後となる犠牲の動物を投げ返すことによって、人はこの悪循環を上から抜け出るのである。

くれる人に贈る

とはいえ供犠を行なうことは相互性と完全に関係がないというわけではない。暴力の次元では非相互性、つまり相互的ではない関係も存在しているが、供犠には一つの暴力以上のものがある。供犠は捧げ物をする行為を示すものである。ところで捧げものはお返しに何かあるものを手に入れるためになされる。たとえば「これからは誰も殺されることがない」ことを手に入れるために、なされる。たとえ供犠がすでに存在している相互性関係のサイクルには組み入れられていないとしても、それは来るべきサイクルに対して開かれていることが予期されている。それゆえ復讐とは違って供犠は相互性を前もって予期している。供犠のこの側面を第二の公式に要約すると次のようになる。

供犠をする＝…に与える（与えてくれる人）

相互にやりとりされるものを返すにあたって殺した者を殺す代わりに、供犠では相互にやりとりされるものを受け取るために殺さなかった者を殺すのである。ここでは相互にやりとりされるものは行使された暴力ではなくて、贈られた捧げ物である。要するに供犠は、くれる人に贈るために、殺した人ではない者を殺すことから成り立っている。

こうして供犠は復讐というマイナスの相互性から贈与交換というプラスの相互性への移行を生じさせる。私はすでに次のように言っておいた。復讐のサイクルを逆転させることは、前もって他者に贈ることであり、前もって他者に贈ることは他者のために自分を犠牲にすることである、と。供犠がどのようにして贈与モデルの上で自身を構成しているかいまや人は理解できるだろう。実際、供犠についての私の定義の後半部分は贈与交換を明らかにするのに同じように使用できる。

贈与交換＝…に与える（与えてくれる人）

このことは、贈与交換は供犠の論理の一部を切り取った論理を基礎にしているというだけではない。贈与交換は明らかに供犠のモデルを真似た慣習の中に見られることもしばしばなのである。(16) それゆえ、モースは次のように書いている。ポトラッチは「宗教的、神話的で、しかも、シャーマン的である。というのは、ポトラッチに参加する酋長はそこでは、彼らの祖先や神――酋長たちはこれらの祖先や神の名を帯び、その舞踏を行ない、その霊魂に取りつかれているのである――を代表し、その化身となっているからである」(17) と。北米先住民族のトリンギット族とハイダ族のポトラッチについてモースは、「供犠と贈与の二つの原則が無条件に混淆している」「生きている人々に物を贈ることは死者に贈るのと同じである」(18) と書いている。

贈与交換の中で精霊ないし神の代わりとなって受け取るのは人間ではあるが、人間はお返しとして精霊や神から受け取るものを期待している。人が受け取るのを当てにしているものは、もちろん人が贈ったものと価値において等しいかそれ以上のものである。しかし贈与交換の中で人間である相手から受け取る最も貴重なものは、ムセイの人々が供犠を捧げて精霊スルクナにお願いしたのと同じもの、平和である。(19)

贈与は「殺し合うことなしに対立する」ことを可能にする手段である――このモースの贈与交換テーゼを、クロード・レヴィ゠ストロースは次のように表現している。「敵対的関係と互酬給付品の供給との間には一つのつながり、連続性がある。すなわち、交換とは平和的に解決された戦争であり、戦争とは不幸にして失敗した商取引の帰結であるということだ」(20)。この定式化は誤っているわけではないが、さらなる正確さを求めるものである。暴力と贈与交換との間にある連続性は直接的でないこともあるだろう。人は受けた一撃に対して贈り物を返したりしない。復讐から贈与交換への移行は、過去に被った打撃に対して応じるのをやめる（あるいは相手が応じてくると想定するのをやめる）ことを含んでいるし、未来のことを考えつつ贈り物をするという一方向的な行為を行なうことを含んでいる。この意味ではマイナスの相互性とプラスの相互性との間には連続性という解決が存在していて、そこで必要となる逆転を生じさせるのが供犠なのである。逆転をもたらすために槍は生け贄の動物の肉に突き刺され、生け贄にされた動物の肉は最初の平和的な相互の贈り物となる。このようにして供犠は相互的ではない暴力を介して、暴力の相互性から暴力的でない相互性への移行を可能にする。

供犠が和平のための儀式というコンテクストの中で介在するというのは正しくない。むしろその反対であろう。しかし、贈与交換のサイクルを開始させ復讐関係を終わらせる供犠は、復讐、供犠、贈与の間にある三者関係の論理をはっきり示してくれる。この論理から出発して私が定式化した諸々の定義は、人類学者が私たちの知見にもたらした慣行が限りなく多様であることとつき合わせるなら、当然図式的すぎると思われることだろう。それではこれとは違うやり方でどんな定式化ができるだろうか。フィールドで観察される復讐関係が復讐の純粋な論理と一致していることはあまりないだろうし、社会の存続そのものを危険にさらしていることもないだろう。現実に存在する諸々の「復讐のシステム」が供犠の論理によって変調された形式になっていることに驚くことはない。[21]ここでは、人を殺す復讐が先にみたアルバニア人の例のように、いつでも同じ位置にいる人間を撃つわけではないのを強調しておく必要がある。お返しに殺されるのは、殺した人物が属するグループの他のメンバーであることはしばしば見られる。「殺した者は殺せ」原則の文字通りの適用からのこの逸脱は、殺した者の代わりに他の者が殺されるという復讐の論理が供犠の論理によって修正されているのを示しているのである。

チュクチ族〔シベリアの北東ツンドラ地帯に住む〕はポトラッチを行なっている部族の一つであるが、この部族の慣行は殺人を行なった人物の代わりにその人物の属する集団の他のメンバーを殺すというもので、供犠的性格を特によく示している。部族の誰かが殺人を行なったときにチュクチ族はその人物の家族のメンバーを生け贄に捧げることで、復讐が繰り返されるのを予防しようとする。これについてルネ・ジラールは次のように言う。「この行為はまた、第二の殺人行為の犠牲者が最初の殺人行為の犯人ではないという点で、供儀に似ている」[22]。ところで家族メンバーの一人が死に至らされるというのはよくあるケースで、その死は当のグループの人々の手でもたらされるのでなく、敵側の手でもたらされる。つまりこのケースの復讐では復讐の原則と供犠の原則が融合しているのを容易に認めることができるが、これはポトラッチの中で供犠の原則が贈与の原則と融合しているのと同じである。供犠は復讐と贈与の間で媒介的な位置を占めるが、経験的な現実は境界をはっきりさせた三つの制度としてあることを示すよりも、広がりを持った連続的な領域としてあることを示している。

復讐と供犠との間にある主要な対立を明らかにするという功績はルネ・ジラールに帰せられる。しかし、その功績はたしかに基本的なものであるには違いないが、もっぱらこの第一の関係（復讐と供犠の関係）を論じていて、ジラールは供犠と贈与の関係については探求しないまま残した。もっとも第二の関係（贈与と供犠の関係）の論理は、いま見たばかりのチュクチ族の慣習に関するジラールの分析の中でも実は示されている。「自分の家族を殺すことでチュクチ族は先手を打つのだ。彼らは敵になるかもしれない相手側に生け贄を差し出し、そうすることで相手が復讐しないように導く」[23]、ジラールはこう書いていた。ところでチュクチ族のこのやり方は、先手を打つのに応じて前もって他者の復讐に対し捧げ物をすることで、潜在的な敵に「贈り物」をしているとも言える。供犠が贈与というプラスの相互性に対して道を開くのは、まさしく先手を取ることによるのである。

そしてもしジラールの言うように、チュクチ族に見られる慣行が本物の供犠ではないというのが正しいとするなら、ジラールが、「本来の意味での人身供犠」は決して「一つの決定的な行為の代償」として現れるのでも、「直接、公然と、異常な性格の最初に流された血と関係づけられたもの」[24]として現れるのでもないと主張するときには、それに同意することはできない。私たちが言ってきたようにその反対である。つまり、ほとんどの場合、復讐のサイクルを終わらせるために到達するのは（平和的な贈与交換のサイクルを開始させるために、とつけ加える必要があるが）、本当の意味での儀礼的な犠牲を用いることによってなのである。というのはモースが書いているように、このようなとき人は、「まったく信用しない」か、「全面的に信頼し」そして「一切のものを与えるか」か、そのどちらかの選択を余儀なくされるからであり、「中間的な行為規範は存在しない」[25]からである。平和的な関係はプラスの贈与交換を打ち立てることなしには創り出されない。したがって、供犠は一つの軸（支え、中心）であって、到達点ではない。供犠は贈与交換の好循環に入ることを通じて、復讐の悪循環から抜け出ることを可能にするのである。

それゆえ人は別のサイクルに入ることでしか、あるサイクルから抜け出ることはできない。復讐というマイナスの相互性から贈与交換というプラスの相互性に移行するときには、眺めている時間の方向が逆転するのと同時に循環性が保存される。「これからくれる人に与える」、私がこのようにプラスの交換を定義したのは、復讐と贈与との間にある対立関係と並行関係に同時に注目させるためなのである。もし私が、「すでにくれた人に贈る」と言ったとすれば「殺した者を殺す」という公式にもっと近いところにとどまっていただろう。「すでにくれた人に贈る」というのは伝統的な交換の概念に一致しているかもしれないが、それは、復讐と贈与の二つの相互性の間の並行関係しかつかまえておらず、復讐と贈与のそれぞれが目を向けている時間の方向の違いは見ていない。このような見方が不十分であるのを知るためには、復讐における最初の行為と贈与における最初の行為を比較するだけで十分である。復讐における最初の行為はいつでも過去に先行してなされた攻撃に対する反応であって、未来に受け取る贈与を予期しての反応ではない。(26) 他方、最初の贈与は先手を打つことでなければなされない。

近代経済学あるいは構造主義の静態的な循環の概念に従って、すでに開始されている交換のサイクルの中に直ちに入るなら、この静態的な循環の概念ではサイクルが開始される時点や事態への配慮なしに交換が前提されているのであって、この場合は、人はすぐ最初の贈与の行為という問題を忘れるだろう。しかし、それとは違うここでの考え方は、構造主義がもたらした成果の一つを基礎としているものの、「贈与の受贈者はこれから与えてくれる人物である」という公式を私たちに選ばせるのである。それはレヴィ＝ストロースがはっきり示したように、AがBに贈り、BがAに贈るというような、贈与を受け取った人に贈与をお返しする限定交換ないし直接交換は、AがBに贈り、BがCに贈り、Cが…NがAに贈るという全面交換ないし間接交換の限定されたケースでしかないということである。[27] 間接交換の構造はオーストリアの劇作家アルトゥール・シュニッツラーの『輪舞』〔一九〇〇〕によってよく知られている仕方で用いられていて、この小説では次々に登場するカップルが、娼婦と兵隊、兵隊と小間使、…伯爵と娼婦、というように組み合わせは決して同一ではないが、パートナーの連鎖はちゃんと円環を閉じることで終わるのである。間接交換の中では常に循環はあるが、そこでは贈与者は受贈者ではない。[28] 人は先に贈りものをしてくれた人に贈るのではなくて、これから贈り物をしてくれる人に贈るのである。[29]

しかし、この間接交換の公式は、なぜ見ず知らずの他人のために贈るのだろうかという問いを生じさせる。最初の贈与の受贈者が贈る番になったとき、ちゃんと対応する形で贈るということはどうやって保証されるのだろうか。このような問題が出てくるのは、時間の方向を逆にするからである。復讐では最初の行為は次に相手からの反撃がどうくるかということを考慮に入れて企てられたりしない。反対に殺人の場合、犠牲者となっていかなる反撃の可能性も奪ってしまう致命的な一撃を受けた人は、もはや新た反撃をしないだろう。殺した人は自分が殺されることを求めているわけではない。その人が行ったことに対して代価を払わせようと考えるのは復讐者である。復讐者は過去を見ているが、過去を無効化し原状回復することはできない。犠牲になった人を生き返らせる代わりに、復讐者は、今度は殺した人を犠牲者に変える役目を引き受ける。こうして一撃を与えた人が今度は一撃を受ける人になる。そしてこのことは復讐者という三番目の人物の介在でなされる。贈与の交換の場合プロセスは逆である。贈与をしなければならないのは受贈者である。

それでは受贈者を贈与者に変換する役目を引き受ける三番目の人物はどこにいるのだろうか。交換の当事者たちは「全面的に信頼し」なければならないが、この信頼が乗っているのはどのような基礎の上かよくわからない。贈る人は自由に贈るのだろうか、それとも自分の意思以外のものに従っているのだろうか。贈与の定義そのものが解答の自由を含んでいる。プラスの贈与交換が目的地にたどり着かないことはないだろう。贈り物が循環することは知られている。問題はどうしてそうなるのか説明することである。問題は複雑になってくるが、特に直接交換のケースでは、一意的な決定論の説明は出発点にあった定義を再び問題にしてしまうのである。すなわち、もしそれが贈与であるなら、どうして受け取る人はお返ししなければならなくなるのであろうか。受け取る人にお返しの義務を伴うものがどうして贈り物であることができるのか。次章で私はこの新たな悪循環を探求することにしよう。ここまでは贈与によってどのように復讐のサイクルから抜け出たかを見てきたので、私たちに残されているのは、贈与が円環の復讐から免れるかどうかを明らかにすることである。

第2章

贈与とお返し

宗教力は集合体がその成員たちに吹き込む感情なのであるが、その感情は感じる人々の意識の外部に投射され、客観化された存在になる。客観的存在になるには何かあるものに固着され、固着されたものは聖物となる。どのようなものでもこの役割を果たすことができるのである。

エミール・デュルケム

すべての貴重な財物、すべての日常品、すべての食物と祝祭、すべての儀礼と性的な種類の奉仕、すべての男と女、あたかもあらゆるものが一つの円環の中にとらえられているかのようである。

マルセル・モース

そして循環の担い手たちは彼ら自身がつくる理解できない神秘を前にして震えている。

カール・マルクス

贈与の魔術

贈与は何よりも気前よさの行為である。贈り物をする人はその気前よさに報われてしかるべきである。

しかし、自分の気前よさが報われるのを期待している人は、気前よい人と言えるのだろうか。気前よさは自発的なものでなければならないだろう。相互性の要求はここで一つの「ダブルバインド」関係を生じさせるように思われる。このダブルバインド関係の中では、その本性から言って自発的である行動を義務として返さねばならないのであり、このタイプのことが贈るたびに生じてくるのである。一方では、贈り物はその定義から言って無償のものであり、お返しを求めたりしない。しかし他方では贈与者は、受け取った相手も相互性の行為を示すことで、それが贈与行為であると認めてくれることを期待している。つまり別の贈り物で返礼してくれることを期待している。ところでお返しの贈り物は、お返しとしての形を取るのであれば、その程度に応じて初めの贈り物には伴っていた自発性を持たなくなるから、厳密な相互性を保つことはできない。しかし問題は、お返しの贈り物では最初の贈り物に伴っていた自発性がなくなっているというにとどまらない。初めの贈り物に伴っていた自発性もお返しの贈り物がくることで否定されるからである。お返しすることで、受け取ったものを贈り物と認めることは、初めの贈り物が自発性からなされたという事実をこぼしてしまうのではないだろうか。

贈与に見られるこの背理は、復讐に見られる背理の裏返しの像をなしている。殺した人を殺すとき、殺した人を取り除く行為そのものが新しい殺人を生じさせる。一方、これから与えてくれるはずの人に何かを贈るとき、新しい贈与を生じさせるのを期待してなされるその贈与は、贈与者としての最初の人を排除してしまうように見える。復讐は、それが殺人を無効化し原状回復することがないゆえに限りなく存続していくが、贈与交換では、贈与とお返しは相互に効果をうち消し合うことで、贈与の行為そのものを不可能にするように見える。

もちろん実際には贈与は実現されているだけでなく、復讐の関係と同じように贈与交換の関係も長く続いている。それだから贈与に見られるダブルバインドは、原初的な贈与の場合でも完全に理論上のことにすぎない。復讐の悪循環が現実そのものの中に根を降ろしているとするなら、贈与の循環は私がこれから見ていくように、むしろ解釈や説明のレベルで表明されるものである。贈与の交換は、現実にもたらされる結果としては復讐よりはるかに幸福なことだが、理論の視点から見ると奇妙なことにより始末が悪い。

実際、相互性と贈与の観念との間にある緊張関係はモース以来、原始的交換の理論家たちの関心を惹きつけてきたもので、モースは「贈与論」のテーマを、「かかる給付の任意的な、いわば外見上は自由で非打算的に見えながらも拘束的、打算的な性質」の考察であるとしていた[1]。けれども、もし贈与の無償性、気前よさの中に、モースが示している「擬制、虚礼、社交的な虚言」しか認めないなら、原始的交換を取り巻いている儀礼的なものを、現代の礼儀の中にある「儀式性」の特に絵に描いたようなバージョンとみなす立場に導かれてしまう。そして現代の礼儀正しさは、私がたったいま定式化した、ダブルバインドに帰することができる心地悪さを生じさせるものである。

　このレベルの分析にとどまるときにはジャン＝ピエール・デュピュイの言うように、上品な礼儀正しさと強いられた無欲さのもとにある「未開人」を「「借りをつくらず、義務を持たない」態度を巧みに隠す偽善的プチ・ブルジョワ」[2]として記述するような著述家たちの見方に従うことになるだろう。ところでこのように「未開人」の贈与と現代人の贈与を混同することは、もし受贈者が贈り物をお返ししなければならないとしたらどうしてそれが贈り物でありうるのか、という問いに止まってしまうことになる。けれどもモースの目から見れば、そこには、受贈者がお返しに何かを贈ることはどのようにして保証されうるのか、という同じほど重要な問いがあったのである。

　モースにとっては、義務としてなされるものがどうして贈り物でありうるのかという問いと、受け取る人はどうして必ずお返しすることになるのかという問いは切り離せないものであった。モースのあとに続いた研究者たちがこの二つの問いを切り離してしまったとするなら、その理由は、彼らがそれをあたかも単なる空辞であるかのようにみなし、「どのようにして贈り物でありうるかだって？　そんな問いに答えるのは不可能だ」という形で、初めの問いに答えたからである。こうなるとレヴィ＝ストロースに見られるように、あとの問いも余分なものになる。しかし、モースはこの問いを伴う贈与の観念を大切なものと考えている。モースの視点から見ると、主な問いはむしろ次のようになろう。「もし人が魔術的な力の助けを借りて前もって他の人からのお返しを当てにすることなしに贈与するのだとしたら、受贈者がお返しとして贈るということをその人〔贈与者〕はどのようにして保証できるだろうか」。モースの答えは「それは不可能であろう」というものである。これが、贈与物の中に住み着いている魔術的な存在、モースの探求がその正体を明かそうと試みることになる魔術的な力の存在を、モースが想定する理由である。「贈られた物には、いかなる力があって、受贈者にその返礼をなさしめるのか」[3]。

この「力」をモースはニュージーランドのマオリ人のもとにある贈り物の精霊ハウ（hau）に見い出すだろう。この魔術的な力によって生命を吹き込まれ物（タオンガ taonga）はお返しの義務を監視するものとなる。「貰ったり、交換されたりした贈り物が人を義務づけるということ、このことは貰ったものは生命なきものではないということを意味する。贈与者の手を離れた場合ですら、その物はなお彼の一部を構成するのである。〔…〕なぜならばタオンガはその森、土地ならびに産地のハウを宿しているからである」〔モース　一九七三、二三九頁〕。このようなわけで、受贈者を贈与者に変える役目を担当するのはこの「精霊の力」、物に宿るハウなのである。「わたくしはあなたからタオンガを貰い、わたくしはそれを第三者に贈る。その第三者はわたくしに別のタオンガを返してくれる。彼はわたくしの贈り物のハウによって、そうせざるをえなくされるからである。またわたくし自身もあなたにその物を贈ることを義務づけられている。なぜならば、わたくしは、実際、あなたのオタンガのハウの所産であるものをあなたにお返しする義務があるからだ」[4]。

ところでレヴィ＝ストロースに従う大部分の研究者たちは、この重要な論点についてモースの分析を拒否している。モースは「原住民の思考の中で描かれているような交換行為そのもの」でしかないある力（vertu）によって交換を説明し、そのことで「自らをごまかす」、とレヴィ＝ストロースは言う。そして、モリエールが『町人貴族』の中でからかったスコラ学者的なやり方で「眠りの力」の働きを援用するものだ、と言ってモースの議論を非難する。「眠りの力」の働きで人が眠るのとまったく同じように「贈り物が循環するように強制するある力」の働きで人は交換する、と言っているようなものだと非難するのである。レヴィ＝ストロースはこうも言っている。モースの論理は、原住民に従ってこのタイプの考え方の中で思考することで、ある悪循環に陥ってしまったのであろう。「悪循環に閉じ込められている」一つの循環的な考え方、この円環から抜け出るにはハウを忘れることが必要であろう。「ハウは交換の究極的な理由ではない。これはその問題がことのほか重要性を持つ特定の社会の人々が無意識的に持っている必要性をはっきりさせるための意識形態であって、その必要性の理由とは別のものである」（レヴィ＝ストロース　一九八三、三二頁）。言い換えるとハウは交換の物象化物にすぎず「結論は象徴的思惟によってすぐに与えられる」(5)。

私の立場について言うと、ハウが交換の物象化物であることはもちろんその通りと思うけれど、このような物象化が何の根拠も持たないとは少しも考えない。前章で私は同じようなタイプの物象化を、精霊スルクナという形で具体的形象を取るマイナスの相互性関係の物象化のケースで扱った。そして私はこの物象化が、問題となっているある社会関係を反映しているものであり、社会関係に変化を生じさせているのを見てきた。贈与の精霊についても、そこから何らかの教訓を引き出すことができるかどうかを知るために、復讐の精霊の分析をもう少し進めてみよう。

認識できないことを認識する

復讐の精霊はどのようにして仕返しの悪循環から抜け出るのを可能にするのであろうか。復讐の暴力が人間である実行者ないし復讐者という形で現れる限り、人間たちはその円環に閉じ込められたままである。最後にやってきた復讐者を殺すというやり方で復讐に対応している限り、この悪循環は生き続ける。人は暴力の担い手である個人を取り除くことではこの暴力を取り除くことはできない。というのは暴力と復讐は個人たちの中に存在しているのではなく、個人たちがつくる関係の中に存在しているからである。

復讐の悪循環、つまり復讐者に対して復讐せよという命令の展開は、復讐の暴力はそれを実行する個人たちのレベルでなく個人たちのつくる関係のレベルにあるのに、この二つのレベルを取り違えることに基礎を置いている。その結果は私がすでに見たように、終わることのない振り子運動である。精霊この暴力の往還を停止させるためにはそれをより上位のレベルに移行させることが必要である。精霊という形で復讐関係からの超越を認識することで、この悪循環から上級レベルへと抜け出ることができる。

それでは贈与交換についてはどうだろうか。以下では原始的な社会の現実の中にある悪循環でなく、これら社会についての現代の理論の中にある悪循環を問題に取り上げる。実際、義務としてお返しされる贈り物がどうして贈り物でありうるのだろうか、と問うのは現代の研究者たちである。あまりにも過敏になった受贈者を終わることのない振り子運動の中に入り込ませるのは背理的な命令の実行者であるように見えるから、現代の贈与についてはこの問題はきわめて適切なものなのである。過敏な受贈者はもしこれが贈り物ならお返しをしなければならないが、お返しが必要であるならそれは贈り物ではない、という振り子の状態に置かれている。反復的な相互作用の中で展開するどころか、ここにあるのは相互作用を麻痺させるような種類の振り子運動であり、これはダブルバインドに特徴的な性質である。そうであるけれど、問題はいつでも悪循環から抜け出して振り子運動を終わらせることであるから、そうするために私には新たな論理レベルの分析を企てることが必要になる。

私は先ほど、ダブルバインドは認識のうちにある背理的な性質から生じるということを暗に示した。つまりそれが贈り物であることを認めなければならないとすると、お返しはそれが贈与であることを破壊してしまうだろう。ここには受贈者のもとで強いられている背理的な命令がある。この命令は初めのメッセージとメタメッセージとの間での矛盾の所産として、ベイトソンのやり方で分析できる。

初めのメッセージは「私はあなたに贈り物をする」で、これは気前よさからなされた行為であることの認知を要求している。メタメッセージは期待されている認知の性質に関わるもので、「新たに贈り物をしなければならない」である。このことはいま定式化した問題の枠組の中では初めのメッセージに背くことなしには不可能である。

現代の贈与交換は二人の人物しか関係のうちに巻き込んでいない。またこの背理は、矛盾した形で円環の形をなしている。二つのメッセージは唯一かつ同一の源泉、すなわち贈与者に由来するという事実と結びついている。ダブルバインドから抜け出るためには、この制約された枠組から抜け出る必要がある。ところでモースの分析はまさしく原始的交換がどのようにしてこの制約された枠組から抜け出るかを示している。「第三の人物」の存在のおかげで、つまり贈与の精霊のおかげで抜け出るのである。この新しい三者ゲームの中ではお返しする義務はいつでも存在しているが、しかしその義務は贈与者によって強いられるのではない。モースは次のように言う。「ハウによって動かされている」のは受贈者である、と。矛盾する二つのレベルに、たった一つのメッセージが置かれているのではなく、はっきり区別される二つのメッセージがあるのだ。贈与者は「私はあなたに贈り物をする」と言い、贈り物に宿るハウが受贈者に「彼に別の贈り物をしなさい」と言うのだ。

それゆえ、モースの言う、「人から贈られるものの中に宿っている力」をまじめに受け取るとすぐに、ダブルバインドは魔法を使ったかのように消え去る。お返しの義務はもはや贈与者その人に内在するものとしては示されない。「ハウはその古巣、森や氏族の聖所やその他の所有者のもとに帰りたがる」(6)。精霊という形に物象化されて、お返しの義務はある上級のレベルに移行する。そして気前よさのメッセージと相互性の要求との間にあった振り子運動は停止する。物象化されるのは根拠のないことではない。というのは贈り物に利害打算のないことが個人のレベルで救い出されるのはこの物象化のおかげだからである。メタメッセージを引き受ける精霊はこの関係のうちにあるメタレベルを具体物の形にしたものである。精霊という形でこの超越を認識するとは、ハウによって人が悪循環から抜け出ることなのである。

もしそれが贈り物であるならどうして人はそれにお返しする義務を感じるのかという問いと、もしお返しするのを強いられるならどうしてそれが贈り物であるのかという問い、この二つの問いに対して同時に解決の道を開くのは、つまるところメタレベルへの移行なのである。贈与の精霊を考慮に入れるとき、初めの問いに答えることができるだけでなく、第二の問いをも乗り超えることができる。そういうわけで、原住民の信じているハウの重要性を論じることでモースは二重の理由で正しかったのである。他方、レヴィ＝ストロースも、そこにとどまり続けることはできないだろうというところでは正しい。なぜなら、原住民の信じていることや原住民の慣行の中に最も重要な場を認めなければならないとするなら、私たちはあたかもそのようなハウが本当に存在し働いていると信じることとそれ自身が究極の解決を構成しているかのように、このハウへの信憑にとどまり続けることになるからである。このことは私たちにとって説明に要請される論理のレベルを、原住民にとっての超越であるものの中に見い出すことになるだろう。人間たちから超越している存在であるハウへの信憑に加護を求めることは、第一の問いへの回答にしかならない。というのはこの回答は、今度はこの超越はどこに由来するのかという問いを突きつけるからである。

「第三の人物の謎」

これら二つの問いのうち後者の問題に答えるためには、二人の交換者に精霊を加えて構成される三者を超えるよう、問題の枠組を広げることが必要だろう。「第三の人物の謎」論文でドミニク・カサジュスは、私たちのものとは異なるが「第三の人物」に注意を向けさせ、私たちを新しい道筋の上に置く。この場合の第三の人物は完全に生命を持ち、肉と骨を持つ本物の人物である。カサジュスはこれまで長い間「贈与論」の読者たちを悩ませてきた一つの謎を解こうとする。その謎とは、モースが引用するマオリ人のインフォーマントは、ハウについての説明の中になぜ第三の人物を引き入れることを選んだのか、というものである。マオリ人のインフォーマントは次のように言う。

「あなたがある特定の品物（タオンガ）を持っていて、それをわたくしにくれたとしましょう。しかもあなたは一定の代価を求めないで、それをわたくしにくれたのです。さて、わたくしが、この品物を第三者に贈ると、暫くたって、その者はわたくしに代償（utu）として何かを返そうと決心し、わたくしに何かの品物（タオンガ）を贈ってよこします。ところで、彼から貰ったこのタオンガは、わたくしがあなたから貰い、さらに、彼に譲り渡したタオンガの霊（hau）なのです」。そして結論として彼は言う。「わたくしはあなたのところから来たタオンガの身代わりとして貰ったタオンガをあなたにお返ししなければなりません。〔…〕それはあなたから貰ったタオンガのハウであるからです」。ここにあるのは「きわめて明瞭な」テクストであり、「ただ一つの曖昧な箇所を残すだけである。それは第三者の介入という点である」(7)とモースは書き加えている。

実際、このインフォーマントの考えが、AがBに贈り物をし、ハウがBをしてAにお返しさせるというものであるなら、なぜそのことをもっと単純な仕方で言わないのか。Cという第三の人物を介入させ、BがAから受け取ったものをBはCにお返しし、Cは他の品物をBに返し、Bは今度はAにそれを返さねばならないようにさせるのは、なぜだろうか。話を必要もなく複雑にするだけではないだろうか。この第三の人物の導入はまったく根拠のないことのように思われる…。

しかし第三の人物の導入が根拠のないこととされるのは、すべて交換というものは二人の個人の間で行なわれる取引であるとする近代に特有の前提から出発するときだけなのである。カサジュスはパースペクティブの転換を提案する。原住民の説明の中で重要なことは個人の取引であるより、社会の中での物品の循環なのである。さて、所与の一個人の視点から見ると、この循環は彼がそこに参加している継起的で相次ぐ物品の流れから構成されている。マオリ人のインフォーマントによって考えられ描かれるはずの情景は、この流れを大事にするという命令的な必要を理解させようと意図している。もしある一方の流れのあとに別の流れがやってくるとしても、個人はそれを妨害してはならない。

お返しの義務についてのこの見方は、この見方が諸々の品物に主観性を与える、つまり品物に生命が宿りその生命が持ち主に行動を命じるというのであるから、奇妙なものである。しかしこの見方は、問題となっている当の品物が単なる物質ではなくハウによって生命を吹き込まれたものであることとまったくつじつまが合っている。これら諸々の流れの一つの中に置かれている個人にとって、ハウはそれが別の流れに属するお返しとなったそのときから、「この流れを断ち切ってはならないという有無を言わさぬ必要を示すのだ」(8)とカサジュスは書いている。

さてハウについてのこの説明を受け入れるなら、第三の人物の謎はつい先ほどのダブルバインドで生じたのと同じように、魔法の杖を振ったように消え去る。その理由は、二人の個人間での交換でなく、グローバルな循環を構成しているこれら流れの全体を出発点に取るなら、マオリ人のインフォーマントはBの立場を自分のものとすることで、ごく素朴な仕方で自分をこれらの流れの中に置いたのだ、ということがわかるからである。カサジュスは書いている。「「第三の人物」は実はモースの考えるような形では存在していなくて、Bを軸にして一方はBから流れを遡ったところにおり、他方はBから下流に下がったところにいる二人の人物がいるのである。マオリ人のインフォーマントはAとB

からなる一組のペアに第三の人物をつけ加えたのではない。出発点にいたのは人物Bだけであり、ついでBにAとCからなるペアがつけ加えられたのである」。このように見るならインフォーマントの描いた構図はまったく論理的である。要するにそれぞれの個人にとって、物品の流れは「他の個人たちからやってきたり出ていったりするものとして映る」(9)のである。

二人の個人間に限定された相互的交換の枠組の中に自分を置く代わりに、マオリ人のインフォーマントの場合は、多数の交換者が参加している全般的循環(circulation générale)についての原住民たちの見取り図を私たちに与えている。話の枠組をこの社会的地平にまで広げるためには、少なくとも三人の人物が存在していることが必要なのである。違った文脈の中であるがコルネリウス・カストリアディスが言うように、「二者しかいないところには社会はない。昔からそうである。向かい合った二人だけの関係を壊すためには第三項が必要なのである」(10)。

さて贈与者と受贈者との間に生じる息苦しい二者関係を断ち切るために、私たちはまず初めに精霊という超人間的な「第三の人物」の加護を願い、その次にカサジュスによって光を当てられた生身の人間である「第三の人物」を介入させた。マオリ人のインフォーマントにならって私たちはいまや両側に一人ずつの人間を持つに至っている。それでは両側にいる二人のうちどちらを選ぶべきであろうか。それぞれのケースの中でもう少し分析を掘り下げ、二人を出会わせるように試みることにしよう。

カサジュスの議論から始めよう。他の部分ではレヴィ＝ストロースの説明と違っているが、カサジユスがハウは当の交換の現象を「首尾一貫した形で説明することはなく、交換を表現するだけである[11]」と論じる点ではレヴィ＝ストロースに従っている。しかし、個人間の取引よりも贈与の流れに強調点を置いているカサジュスの分析は、お返しを保証するものについて知るという私の問題を解決するものではない。問題をずらせているだけである。そこで問題は、お返しの流れを断ち切ってはならないとする有無を言わせぬ必要はどこに由来するのかを明らかにすることになる。ここでは新たにハウを信じることに探求の方向を変える必要がある。

モースはハウの概念を説明する際にマオリ人のインフォーマントの言葉を引用している。「ところで、彼から貰ったこのタオンガは、わたくしがあなたから貰い、さらに彼に譲り渡したタオンガの霊(hau)なのです。[…]もしわたくしがこの二つめのタオンガを一人占めでもしようものなら、わたくしは疾病あるいは死にさえ見舞われるでしょう。このようなものがハウ、つまり身の回りの品のハウ、オタンガのハウ、森のハウなのです[12]」。

初めの流れのお返しであるこの流れをもし私が断ち切るなら、私は病気になるかもしれないし、死に見舞われることになるかもしれない。このようなものがハウである…。復讐というマイナスの相互性の精霊に劣らず、プラスの相互性の精霊も「この上なく強力な取引」をする存在である。ある意味では、取引そのものであるとも言えよう。死をもたらされないためには、あるいは復讐の一撃を食らわないためには、ハウとよい関係でやっていく必要がある。言い換えると復讐から贈与に通じている道を逆の方向にたどってはならない。人は、悪しき状態に陥ることがないよう好循環を断ち切らないようにする。CがBに「代償を返す」ことを指すのに用いられているウツ（utu）という言葉の二重の意味を検討する必要があるだろう。モースは註の中で「ウツという言葉は血の復讐〔…〕をも意味する」と指摘している。贈与に対する贈与の場合でも、一撃に対する一撃のお返しでも、同じウツという言葉が用いられる。そして、復讐の場合に、初めに人を殺した者が贈り物をすることで一撃の交換から抜け出るのと同じように、贈り物の交換から抜け出る受贈者は一撃を受け取ることになる。ハウがお返しの一撃を与える役目を引き受けるだろう…。

これが少なくともマオリ人たちが信じていることである。しかし、なぜマオリ人たちは想像上の精霊の力を信じるのだろうか、と再度問いたくなる。彼らがハウの力を信じる理由を理解するためには「タオンガのハウ」と「森のハウ」との間にある並行関係について考える必要がある。というのも、マオリ人のインフォーマントは「森のハウ」に対して果たされるべき諸々の義務をより詳しく説明するためにだけしか「タオンガのハウ」について話していないからだ。その説明では一つの儀礼的義務を明らかにするために贈与交換の関係でのお返しの義務の例を用いている。その義務とは鳥狩りをするにあたって最初に捕れた獲物を森の精霊にお返しする義務であって、「森の産物たちのハウが新たに森に戻っていけるように」するためのものである。そこでマーシャル・サーリンズがこれについて私たちに注意を喚起しているように、モースによって有名にされたニュージーランドの民族誌の一断片は、実は「供犠の儀式の記述を説明する注釈なのである」[13]。さて、狩りの最初の獲物をお供えにすることはハウを手に入れるのを目的とするもの、生命力と森の豊饒性の原理を手に入れることを目的とするものであって、お供えを受けたハウは鳥がたくさん捕れるように森の豊かさを保証し続けてくれるのである。

このコンテクストの中で再構成されると、贈与の精霊についての原住民の説明は、儀礼的交換のサイクルが持続することよって生み出される豊饒から利益を受け続けるようにするために、お返しが必要であることを似通った例を用いて示していることがわかる[14]。狩りで獲物を手に入れながら返礼の義務を果たさない人物は、この生命力の呪術的な源泉との結びつきから断たれる。彼が一打撃を受けるのは、というよりはときとして致命的な被害を受けるのは、この意味においてなのだ。このような理解の仕方を見ると、ハウの好意を得るためになされるお返しの捧げ物は、それによって人がプラスの相互性のサイクル・循環の中にとどまり、また仕返しを受けないようにするための、供犠の行動であることが明らかになる。

ところで、たとえこのようなお返しの捧げ物をしない狩人への仕返しが想像上の精霊のせいであるとしても、想像上の存在の及ぼす現実の力を過小に見ることは誤っている。というのは、儀礼的交換によって生み出される豊饒は、ジョナサン・パリーが観察しているように、完全に現実的なのである。「交換はそれ自身豊かなものであり、また交換が価値の増大をもたらしてくれることは、マオリ人にとって自明なことであった。というのは、贈与は通常は剰余のものを引きつけるからであり、また贈与は循環しつつ増大するからである」。そういうわけでAの贈り物へのお返しを欠くことで、つまり「「ハウの流れを妨げる」ことで、Bは自分の生産性の源泉と生命力とを破壊してしまう。そして、それによって妖術にやられたり、病気になったり、何らかの仕方で死ぬことになるかもしれないのである。さらにひとたび経験が理論を証明するなら、交換の流れの中で返礼の義務を果たさない者は相手にパートナーとして受け入れてもらえなくなり、成長と生命力の明らかに呪術的な源泉から排除されてしまうだろう」(15)。言い換えると、実のところ、ハウは贈与の循環そのものの物象化物なのである。それゆえに私たちの見てきた二つの「第三の人物」はただ一つの同じものを示している。カサジュスにより「第三の人物」が脱構築されるのと同じように、パリーの分析の中では、ハウは交換の連続する流れに送り返される。

循環する因果関係

ここで到達した結論は、それに先行する議論の結論を振り出しに戻してしまうように見える。というのは、つまるところハウとは交換そのものの働きにすぎないなら、精霊ハウは結局のところ余分なものになるのではないか。あたかもレヴィ＝ストロースの立場とモースの立場との間での振り子運動に巻き込まれてしまったかのように、私たちは新たにレヴィ＝ストロースの視点に接近しているように見える…。

レヴィ＝ストロースの議論はもっと詳細に研究されるに値する。(16) モースの言う「贈り物を循環させる力、つまり、贈り物に対して与えられ返されることを強制する力」はどのように説明されるべきなのか。「交換される財産には、単に有体物のみではなくして威信、責任、特権もまた含まれている」のだから、この力は「交換される財物の物質的属性と同様に客観的に」存在しているということはできない。しかし、もし人が、主観的仕方で働くものとしてこの力を理解すると、「今度は次のいずれであるかを判断すべき立場に立たされる。すなわち、この力は、原住民の思考の中で描かれているような交換行為そのものに他ならないのか——そうだとすれば循環論にとじこめられることになる——、それとも、この力は交換行為それ自体とは違った性質を持ったものであって、この力から見れば交換行為は副次的な現象でしかないのか」。(17)

続いてレヴィ＝ストロースはこう言う。むしろその反対である。「交換は原初的な現象であり、社会生活において分化させられた作用（贈る、受け取る、お返しする）ではないことをはっきりつかむことである」。そしてモースに対してこう言う。「ここではモース自身が『呪術論』の中ですでに定式化していた「統合された全体は各構成部分よりもはるかに実在的である」という規則を適用すべきであった、と。その上でレヴィ＝ストロースはこう結論する。「これに反して「贈与論」の中では、モースは諸部分を集めて全体を構成することに熱中し、しかもこれが明らかに不可能であるがゆえに、この集成に一つの補足的な水増しを行なってそこから解答が出てくるかのような幻想を与えている。この水増しこそがハウである」(18)。

要約しよう。レヴィ゠ストロースにおいては、交換はそれ自身ですでに原初的な現象なのあり、贈られたものに宿る力とは交換それ自身以外ではありえないし、またこの力によって交換を説明することとは交換自身によって交換を説明することになる。だから人は循環論に陥ることになる。この説明を取らないとすると、ハウによって動かされ贈ったりお返ししたりする個人たちの行動にとって、交換は副次的であると言わなければならないことになる。しかし、後者の説明では現実に存在している二つのレベルの上下関係、つまり社会全体の交換のレベルと個々人の交換のレベルとの上下関係を、逆転させることになる。こうなると、全体のレベルは集団全体を構成する個人たちに対して当然のこと超越したものになる。だからレヴィ゠ストロースの結論は「ハウにとっての場所は存在しない」となる。

しかし、客観的な存在を持っていないとしても、人々がそれに対して持つ主観的な信憑によってハウは現実に力を行使する。それゆえハウをモリエールの『町人貴族』の中で持ち出される「眠りの力」のようなものと同じとしてしまうのは困難である。主人公ジュールダン氏が台詞で主張するのは、アヘン吸引者は「眠りの力」のおかげで眠るという説明である。いずれにせよこの説明は、その当人がすでに行なっていることに名前を付けたにすぎないのだ。アヘン吸引者が眠り込むのは「眠りの力」の働きのせいではない。これに対してハウにより罰を加えられることの怯えはお返しの行為の現実の動機となる。いずれにせよ必要と思われるこの補足部分をどのように位置づけるべきなのだろうか。

レヴィ＝ストロースによって示されている選択肢は、一つの悪循環を選ぶか、個人レベルと個人たちの行為の総和がつくる全体レベルとの上下関係の逆転を選ぶか、二つのうちのどちらかである。ところで私が考えるところ、さらに第三の解決も可能である。それはこの二つのレベルを循環させるという解決である。個人たちを超える総体レベルの交換と、その総体レベルを構成する個々人たちの交換の間での循環は、悪循環にはならない。つまり上級の総体レベルでの関係としての交換〔原初社会で親族間での女性の交換のような間接交換のシステムのこと〕は、贈り・受け取り・お返しする個々人の活動を超えたレベルにあるということが一方にあり、これら個々人の活動の順調な展開に上級レベルの交換は依存するということが他方にある。関係としての交換の存在は超越的であるとしても、総体レベルの循環は上から個々人に押しつけられるのではなく、個々人の活動の総和の中での自己超越のプロセスから、生じてくるのである。

一つの集合としての集団全体のレベルが個々人の行為を超越する――レヴィ＝ストロースはこのように論じたが、これによってどのようにしたら全体を構成できるかという問いが免除されたわけではない。モースはまさにこの問いを考えていた。一集合が全体を構成するためには、ハウがそれに他ならないところの追加部分を、集成に加えることが要求されるのだと。しかし、そのことが達成されるには、贈与を循環させるハウは力である、とするモース流の説明と、ハウは交換の物象化である、とするレヴィ＝ストロース流の説明を同時に両立させることを必要とする。これまでの私の分析の中で、モースの立場とレヴィ＝ストロースの立場の振り子運動に私が巻き込まれていたとすれば、それは相互に正反対をなしているどちらも正しい特殊な二つの因果関係を、この両者の立場が示しているからである。ハウなしには交換なし、とモースは言う。交換なしにはハウなし、とレヴィ＝ストロースは応じる。解決はこの正反対の二つの因果関係が実は相互に補完的であるのを認めることによってもたらされる。すなわち、交換は個人のハウへの信憑を基礎としているし、個人のハウへの信憑は交換という集団的現象から生じる。私たちは一つの循環的因果関係を認めることで、それぞれ一方向的な二つの因果関係の間の振り子運動から抜け出るのである。

実際、できる限り正確であるためには、ここで働いている循環的因果関係には二つのタイプのものがあることを認める必要がある。私はここまで、私が分析で示した二つのレベル、すなわち個々の行為者間でばらばらに活動が行なわれる第一のレベルと、それを超越して間接交換の関係のような存在が出現し位置するメタレベル（第二のレベル）とを結ぶ循環的因果関係を論じてきた。ところで個々人を超え全体のレベルにある超越的な循環的因果関係は、個々人の行為が位置する第一のレベルにおいて存在しているさらに別の循環的因果関係によって、二つの循環的因果関係間で結びつけられている、と論じることができる。個々人間の活動のレベルにも循環的因果関係が見られるという考えは、二〇世紀初めに出版された著作の中でジンメルがはっきり示している。[19]「交換は与えることと受け取ることとの二つの過程の加算ではなくて、新たな第三者であり、それが成立するのはこれら二つの過程のそれぞれが絶対的同時性において互いに他者の原因であり結果であることによるのである[20]」。

しかし、この第一のレベルの循環的因果関係の中では時間が展開するにつれて問題が生じてくる。個々人間の交換が文字通りに同時に生じるのでないなら、この過程はどのようにして同時に原因であり結果であることができるのだろうか。贈与交換において贈り物をすることとお返しとして贈ることとは、高度な緊張の中にある取引とは異なって、同時にはなされない(J=P・デュピュイが言うように、誘拐事件での身代金の支払い、敵対する二国間での国境でのスパイの交換など、このような取引ではそれぞれの側は最悪の結果を恐れる)。

そうであれば贈与交換は、敵対し合っている二者の間の取引を妨げる信頼の不在を乗り超えなければならないことになる。初めの贈与者のもとにお返しとしての贈り物が本当に戻ってくると信じる十分な理由があるときにしか、第二の贈与は初めの贈与の原因にはならないだろう。しかし、ひとたび初めの贈与がなされたとして、次に受贈者がお返しを贈るであろうことを何が保証するのだろうか。前章の終わりで、私はこの問題を時間方向の逆転と結びつけたが、時間方向の逆転が復讐をプラスの相互性に移行させるのである。いまや時間方向の逆転がより一般的な問題、つまり未来への賭けを含んでいる諸々の社会関係の循環的因果関係の問題と結びついているのがわかる。このときハウは交換の関係に特徴的な循環的因果関係の媒体をなすのである。

ハウの問題が二人の人物の間での直接交換をうまく説明させてくれるとするなら、円環をなす形の方は、間接交換ないし全面交換のケースの中でいっそうはっきりした仕方で浮かび出る。AがBに贈るが、BはAにお返しする代わりにCに新たな贈り物をするようなタイプの交換を思い出してみよう。Aに贈り物をすることで円環を閉じることになるのはC（あるいはD、あるいはN…）だけである。同様にAはBに贈るが、それはBがCに贈るからであり、その理由はCがAに贈るからである。レヴィ＝ストロースの『親族の基本構造』の中では、このようなシステムへの参加は集団が語の最も広い意味で「賭ける」つもりがあるときだとされている。これは一つの賭けである。賭けで勝つためには「初めにリスクを引き受ける」ことが必要である。いつでも、「介入するのは何らかの信頼」である。サイクルを再び閉じるには「信頼を持つことが必要である」。言い換えると、人々を一つにまとめる循環的システムを参加者たちがどのように構成するか説明するために、レヴィ＝ストロースその人が、一種の補完部分として、信頼あるいは信憑を介入させているのである。「信じることが信頼の基礎となる」(21)。

間接交換を重視しようという配慮が、すでにくれた人に贈るのではなくこれからくれる人に贈るものとして、私に贈与交換を定義させた理由の一つであったことを読者は覚えているだろう。この定式化は、直接のお返しはいつでもあるわけではないことを認め、また未来に向けられている時間方向を強調している。ところですでに見たように、いつも未来を見るという時間方向はいつでも一つの賭けを含んでおり、したがって信頼の問題は二人の人物間の直接交換において生じてくる。また、信頼はハウへの信憑を基礎としている。しかし、ハウの介入は、厳密な仕方でなされる直接のお返しというものはない、ということをある意味では示している。というのは直接交換の場合でさえも、お返しは何かに媒介されなければ、受贈者がこれを果たすことは絶対ないからである。お返しは物品に生命を吹き込む力が介入することによって生じるのである。

「贈り物が循環する場合に、その確実な返礼は引き渡された物――この物自体が「保証」となっているが――の効力によって担保されている」(22)とモースは言う。贈られた物に宿る力はそれ自体が「保証」になるのだ。これは悪しき力だろうか。この魔術的な力はアヘンにあるとされた「眠りの力」のような種類のものではない。それよりもスガナレルの台詞〔本書二二頁〕にあるタバコに宿っている力に似ている。タバコの力は他者の望みを前もって察知し贈るように促す力である。この力の働きが全般的循環を動かしている一種の「第三の人物」によるものに他ならないとすると、それでは全般的循環は全面交換（間接交換）とどこが違うのか、ということになる。というのも、全面交換ではまさしく、Aがお返しを期待するのはBではなくC（あるいはN）に対してであり、つまり全面交換に中継される第三の人物に対してであるからだ。

実際お返しの贈り物が帰ってくるのを期待すべきなのは、いつでもこのグローバルな回路から個人へという方向なのである。グローバルな回路の立場から見るなら、お返しなどは存在せず、次々となされる交換があるだけである。このレベルの分析では人は交換するために交換するのであり、お返しを受け取るために交換するのではない。交換するために交換する、ここにあるのは紛れもなく循環論理であるが、さまざまな悪循環から決定的な仕方で抜け出ることができるのは、このプラスの循環に入ることによってである。そういうわけで私はお返しの問題を超えて、先へと進まなければならない。

ビールの奢り合いと背中側での手渡し

ニュージーランドの原住民たちのもとでは、個別の贈与のレベルからグローバルな循環のレベルへの上昇、すなわち社会的循環の自己超越は、ハウの存在と働きで生じている。ハウのおかげで、個人間では諸々の交換がばらばらな行為としてなされていても、まとまりある集団としていられるのである。これとは別に、魔術的な精霊の力の介入なしで、直接に個々人間の交換がまとまりある存在をなしている集団によって媒介されているシステムを、同じように想像することもできるだろう。ブルース・カフェラーは、原住民ではなく現代のオーストラリアの住民たちのもとで見られるこのようなシステムの例を提供している。現代の住民とは、もう少し具体的に言うと仲間あるいはメイト（「ポート」）として互いに認め合う男性たちの集団を指す。カフェラーが言うメイトシップ倫理を含むこの「相互性の原理」の中にも、私たちはこれまでに見てきたジレンマを再び見い出すことになる。

カフェラーは私たちにこう説明する。一方では「完璧なメイトは利害打算なしのやり方で贈与する」。つまり自発的でお返しなど考えずに贈るのであるが、他方「彼〔受贈者〕は自分が受け取ったものと等価なものをお返ししなければならない。アクセントは均衡の取れた相互性に置かれている」。一見すると相互に矛盾しているように見えるこれらの命令は、ここでの相互性の関係が求めている「これ以上の明瞭さはないもの」、すなわち「飲み物の「贈与」」を行なう制度の中で、うまく折り合いを付けられている。

アルコール飲料、なかんずくビールは、オーストラリアでは強い象徴的な意味を帯びている。男性の「メイト」たち（友人と同じほど相互に認め合っている）は、飲み仲間をつくる（たいてい「スクール」と呼ばれる）。理念的には、スクールに属しているどの個人も自分の番になると、スクールの自分以外の全員に一斉にジョッキ一杯のビールを奢らなければならない。この行為はビールを奢る個人が他のメイトたちのなす集合体に対して自律性を保てるようにしてくれるし、他のメイトたちにも個人としての自律性を集合体の中で失わないでいられるようにしてくれる。(23)

これはオーストラリアのパブに限られるわけではないが、カフェラーが記述しているこのタイプの贈与では三番目の人物の役割を果たしているのは全体としての集合をなすメイト集団である。各人は個人の資格で贈与するが、他のそれぞれは集団のメンバーとして受け取る。したがってお返しする必要があるのはメイト集団に対してであり、お返しを期待することになるのはこの集団からである。メイトたちにこのような仕方でビールを奢るという直接的で目に見えるやり方でグローバルな全体と自分をつなぐ回路の中に自らを組み入れることで、各個人の自律性は保たれるのである。[24] 実際、メイト集団レベルがこのように直接に媒介するおかげで個人は他のすべてのメンバー個人に贈与をすることができるし、他のメンバーたちからのいかなる個別の贈与も個別のお返しとみなされることなく、贈与を受け取ることができるのである。個人間のレベルではビールの相互交換は存在していないにもかかわらず、均衡の取れた相互性はビールの連続的な流れによってグローバルレベルでは維持されるのである。

個人間でもこのようなアルコール飲料の直接交換はいつでも生じる。これについては『親族の基本構造』の有名な一節の中でレヴィ＝ストロースが書いている「フランス南部の大衆レストランでの食事のしきたり」の枠組の中でも見られる。それを見るとタバコと同じようにワインも気前よくお返しさせる力を持っているのがわかる。

［…］われわれは南フランスの中でも、基幹産業であるワインが一種神秘的な崇敬の念に包まれ、それゆえ典型的な《rich food》になっている地域の大衆レストランで、じつにしばしば食事のしきたりを観察した。ワイン込みの値段で食事を出す小さなレストランでは、どの客の皿の前にも、無銘柄であることの多い安ワインの小瓶が置かれている。［…］小瓶はちょうどグラス一杯分のワインが入り、この中身は持ち主のグラスにではなく、隣席の客のグラスに注がれる。するとすぐに相手も同じ互酬的振る舞いで応ずるのである。〔レヴィ＝ストロース　二〇〇〇、一四五－一四六頁〕

レヴィ＝ストロースは「相互性の原理」が単なる経済的均衡を超えてずっと先まで及んでいるのを強調するためにこの例を使用している。「経済的観点から見れば、どちらが得をしたのでも、どちらが損をしたのでもない。しかし交換には交換された物品以上のものがある」[25]。グラス一杯のワインに対してグラス一杯のワイン、ここにある取引は完全に循環的である。明らかなことだが、ここでワインが贈られるのはお返しが受け取られるためではない。というのは贈られた物とお返しに受け取られた物は同じだからである。したがって人が贈るのは、交換する以外のためであろう。交換される一杯のワイン以上のものとは何か、これについて探求しなければならないのは、このやりとりの中にある循環的な性格に関してであり、レヴィ＝ストロースが推測している一杯のワインの交換そのものに関してではないと、私は思う。

次に、レヴィ＝ストロースが書いているこの形の均衡化された相互性とカフェラーが分析したそれとの対立、これについて説明することが残っている。フランス南部地方のこのささやかなしきたりは個人と個人の間でアルコール飲料を交換するというタイプの場面を描き出したものだが、一方のオーストラリア人の慣習は個人と個人の直接交換を避けるのに役立つ。しかし、オーストラリアの飲み仲間の文化は、フランスのワインを交換する客たちの文化の対蹠点ではないだろう。オーストラリアの飲み仲間同士の倫理の特殊性がいかようであるにせよ、フランス人もまた仲間に奢るという慣習を知っているのである。

とはいえ、レヴィ＝ストロースが描くワインが交換される状況は、カフェラーが描くオーストラリアの飲み仲間の間での交換と同じものではない。レヴィ＝ストロースの事例は反対に、相互に見ず知らずの客同士のことなのだ。「見知らぬ同士が一メートルにも満たない距離を介して向かい合わせに座っている」（同上書、一四六頁）。そしてレヴィ＝ストロースはこのアルコール飲料の交換を、互いに見ず知らずの二人の人物がきわめて近い間隔で座っていることによってつくり出された緊張関係を解決する手段として説明する。「独りでいると同時に一緒にいると双方が感じている。見知らぬ同士なのだから習慣として遠慮しなくては、と強いられつつも、物理空間でのそれぞれの位置が、また食事の内容や食事の道具立てへの二人の関係が親密な気分を醸し出し、なおかつある程度まで親密さを命じてくる」（同上書、一四七頁）。この「たいして激しくはないだろうが、しかし現実的な葛藤」は、テーブルで相席の客のもとで「ある緊張状態」「ある目に見えない不安」を引き起こす。「維持された社会的距離は、それだけですでに苦痛の種になる。なぜなら、いかなる社会的距離も呼びかけを含み、呼びかけは応答を期待するものなのだから」とレヴィ＝ストロースは続けている。グラス一杯のワインの交換は「相互のどっちつかずの状態」を終わらせるのである。(26)

グレゴリー・ベイトソンは、精神科医ユルゲン・ロイシュとの共著で書かれ、『親族の基本構造』と同じ時期に出版されたある書物（『精神のコミュニケーション』）の中で、相互に相手の考えを読み切れないことから生じてくるこのような苦痛を、その不確かさの中に隠されているメッセージの背理的な性質のせいであるとしている。互いに相手についてほとんど知らない二人の人物が一緒にいると き、「沈黙によって伝わる「私たちはコミュニケーションをしません」というメッセージ」を受け取るよりは、とりとめもない話を交わす方が好まれる。「私たちはコミュニケーションをしません」というメッセージは「拒絶を意味するという理由」で居心地悪くし不安を引き起こすだけでなく、「コミュニケーションをしないというメッセージを交換している場合、二人はコミュニケーションしているという逆説を炸裂させる」(27)からでもある、とベイトソンは説明する。「もし二人の人物がこのようなメッセージを交わしているなら、それは二人がまさしくコミュニケーションしていることではないか」。

ダブルバインド理論を予示するこの分析の中に、この章の冒頭の贈り物のお返しする義務を論じた部分ですでに出会っている「認めることのできないものを認める」背理的命令の変種を私たちは見ることになるだろう。「私たちはコミュニケートしません」というメッセージを受け取ることは、マイナスの循環の論理によってこのメッセージを否定することに行き着く。問題は、メッセージの伝達——コミュニケートしているという事実そのもの——のレベルと、そのメッセージの内容——コミュニケートしていることの否定——のレベルとの、二つのレベルの間の矛盾のうちにある。この問題の解決は、この否定を一つの肯定によって置き換え二つのレベル間で折り合いを付けることで果たされる。言い換えると、はっきりしたコミュニケーションを取ることによって、頭を抱えさせている沈黙を置き換えるということである。取るに足りない話の交換でさえも、コミュニケートしている事実を肯定してくれる。「単なるコミュニケートの行為も「私たちはコミュニケートしています」という暗黙裡の言明の媒体になる」とベイトソンは考察している。「実際、発信され受信されるうちで最も重要なメッセージはこれである」(28)とベイトソンはつけ加えている。

コミュニケーションについてのベイトソンのこの分析は、レヴィ＝ストロースの提唱する交換の理論に対してなされているある種の批判に対する回答となっている。女性の交換〔本章八一頁〕も贈与の交換も一つのコミュニケーションのシステムを構成するというレヴィ＝ストロースの考えは、ここではっきりとした反対意見に出会っている。言葉の交換とは違い、意味的内容を持っていない交換される物品によって、どのような意味が運ばれていくのか、ベイトソンにはよくわからないと言うのである。物品によってコミュニケートされるのは、どのようなメッセージであろうか。何かのメッセージが含まれているとしても、それは交換される物品のレベルにおいてではなく、交換そのものの全体レベルにおいて探究されるべきだろう。交換の事実そのものが、交換する者たちの間で一つの関係の存在を証明してくれるしメッセージの内容を構成するのはこの証明である。ベイトソンの分析の中では言葉の交換と同じように、すべての交換は「私たちはコミュニケートしている」という暗黙裡のメッセージを運んでいる。このメッセージを認めることはその内容である事実を確証することであるから、このメッセージはプラスの循環性の特徴を示しているのである。

南フランスのレストランでの見知らぬ者同士のケースでは、贈られたグラス一杯のワインに対してグラス一杯のワインをお返しすることでコミュニケーションは成立する。グラス一杯のワインに対するグラス一杯のワイン。このやりとりのプラスの循環は、気まずい沈黙に含まれる非コミュニケーションのマイナスの循環から抜け出させてくれる。「私たちはコミュニケートしません」というメッセージのマイナスの循環性は、過ぎ去った存在しない時間へと遡るむなしい企てであることに注意しよう。すでに過ぎ去った存在しない時間とは、メッセージの交換によって廃棄されコミュニケーションの取れていなかった沈黙の時間のことである。反対に「私たちはコミュニケートしています」というメッセージはプラスの循環性を持っていて、このメッセージが告知している時間、つまりコミュニケートしている時間を本当にもたらすのである。これら二つのケースでは、時間方向の逆転と循環性の保存とが同時に存在している。一つのメッセージを発信することで、つまりここでは一つの贈与を行なうことで、人は未来に向かうのであり、また未来に向かうことを促している。

こちらの期待が相手に認知されることは、贈与の受け取りにおいてはメッセージを受け取る場合ほどには確かでない。前者の場合、贈る側が相互性の関係に適う形式の身振りで表現しようとする理由は、贈られる側がそれをどのように「認識」してくれたかを理解することにあるからだ。いずれにせよ、テーブルをはさんで向かい合う見ず知らずの人のグラスの中に自分の小瓶の中身を初めに注ぐ人は、レヴィ＝ストロースが書いているように、あるリスクにさらされることを引き受けるのである。「献酒に対して相手は少ない量の返杯で応えてくるかもしれないし、逆に競り上げに出てくるかもしれず、競り上げに出られた側は、自分の分を一滴残らず相手のグラスに注ぎ入れて切り札を失うか、威信を保つためにもう一瓶注文するはめになる」(29)。前もって他人に贈ることは、たとえそれがアイルランドの巨人ウアトの物語〔「ブリクリウの供宴」本書二〇頁〕のように自分の首を贈るほどではなく、ささやかなグラス一杯のワインであるとしても、必ずリスクをはらんでいる。フランス南部のレストランでの賭け金は「ブリクリウの供宴」の中でほど大きくはないが、賭けであることではいつでも同じである。他国の人間との間で信頼関係を打ち立てるためにはプラスの循環性の中に跳び込んでいくことだ、という賭けである。

これとは反対に、カフェラーの挙げているケースでオーストラリアのパブでビールを飲んでいるのは、見ず知らずの人たちではなく、相互によく知り合っているメイトである。信頼関係はすでに彼らの間に存在している。問題はある適切な限度内でこの関係を維持することである。男性のスクール仲間の倫理は、個人の自律性を危うくすることになるどんな親密さも排除する。相互性の要求と、グループのメンバー間である距離を保つという欲求、この二つの間で折り合いをつけることが求められる。見ず知らずの二人の間で気詰まりを解消させてくれるささやかな気前よさの身振りでさえも、それがあまりにもパーソナルな関係を示すものであるとすれば、集合体をなす仲間関係のコンテクストの中では反対に当惑の沈黙を生じさせることになるだろう。こうしてみんなで一緒にビールを飲んでいる仲間グループでは、彼らのうちの誰か一人だけにという仕方でビールを奢ることは、たいてい場違いなことになるだろう。そのグループのメンバーとして各人が受け取る方がよいのである。奢ることが個人に対してなされるとしても、このグループはいつでも気前よさを媒介するものとしてグループを介在させるだろう。

　オーストラリア原住民の戦士たちの間で慣行として行なわれている相互性を含んだ儀式では、個人間の交換の中でほどよい距離を維持するという問題に対するある独自な解決を描き出している。モースは「贈与論」の「結論」の中で、贈与の理想的な例としてこの儀式を引用している。

パイン・マウンテン（クインズランド地方〔オーストラリア北東部〕中央部）のコラボリーにおいては、各人は一方の手に槍投げ器を持ち、他方の手を背中に回して、代わるがわる式場に入場する。彼は踊り場の向こう側の端にある輪の中にその武器を投げ込み、同時に声高に「私の故郷はクンヤン」という具合に出身地の名前を告げる。彼はしばらく立ちどまり、その間に、友人たちが他方の手に槍、ブーメラン、そのほかの武器の贈り物を握らせる。このように、立派な戦士は、特に年頃の娘を持つときには、手に持ち切れないほどの物を貰うのである。〔モース　一九七八、三七八頁〕

戦士がその中に自分の武器を投げ入れる輪は、社会的な相互性の輪を象徴的に示している。というのは、ある意味では、彼が武器を投げ入れるのは別の方向からやってくる武器を受け取るためであり、この戦士はまさしく物品の流れの中央に位置しているのである。彼の属している集団から出ていくものは数倍になって戻ってくることもあるし、そのことはまた交換の豊饒を証明している。実際、モースが引用している民族誌的記事によると、「立派な戦士は、特に年頃の娘を持つときには、手に持ち切れないほどの物を貰うのである(30)」。

この引用された文章の最後の部分に付した註で、モースは当の物品の交換を婚約と結びつけることを提案している。結婚が集合体にとって重要事であったことを考慮するなら、受贈者は集合体メンバーとして受け取るのであるだけに、このことも明らかだろう。モースが註を付けているもう一つの部分は、戦士が武器を輪の中に投げ込むときに大きな声で自分の出身の部族名を告げることだが、同じくここでも人が贈るのは個人の資格として行なっているのではないことを示している。オーストラリア原住民の武器仲間たちは、カフェラーのパブにいるメイトたちと同じような個人の自律性の倫理を持ってはいない。しかし、モースが取り上げていないある細部の記述は、その番になると自分の武器を贈る仲間たちの行為を通じて、この戦士の象徴的孤立が示されている。戦士が自分の手にしている武器を輪の中に投げ込んだあとで、仲間たちは「戦士のもう一方の手」に贈り物を握らせるのであるが、その註記のすぐ前の部分でモースが言っているように、戦士のその手は「背中に回され」、その状態で贈り物を受け取るのだ。つまり、ここでの相互性に対応した身振りはいま武器を投げ入れた人物の背中でなされている。ビールの奢りと同じほどに匿名性を保った状態でなされるこの独特のやり方は、別の一つの手段でお返しの贈り物を可能にすることを保証するものである。

ビールを仲間の全員に同時に奢るときには、それぞれの受贈者は一つの群れの中に埋没している。ここでは贈る側のいかなる仕草も、一人の個別の人物によってなされた別の行為に対するお返しとして映ることはない。集団というグローバルのレベルで相互性は働いている。このようにして、全体としてのグループは気前よさの媒介者として三番目の人物の役割を果たすのである。これに対して原住民の儀式では、受贈者は他の仲間がつくる群れから完全に離れ出ている。武器の贈り物は一斉にある一人だけの人物に対してなされ、この人物はたったいま輪の中に自分の武器を投げ込んだ人物である。この直接的な相互性は、それが個人化された形式のもとで生じるので、ビールの奢りとは違って、武器の贈り物は受贈者の友人たちの気前よさに応じて異なる価値のものになる。しかし贈り物がなされるそのときには、受贈者は友人たちが彼の手に持たせたものを見ることができない。後ろ向きでいることは、友人たちが示す好意がどれくらいに表現されるかを受贈者に対して隠すのである。この見方からすると、友人たちはグループ全体の目に見えない中継物であって、それが受贈者の後ろにいるのである。

しかし、グループ全体が最も絶対的な仕方で相互性の媒介者の役割を果たす交換のシステムの場合、そこでの個人間の取引はもはや贈与が存在しない交換のシステムになることは疑いない。そしてそれは現代の市場に見られる。市場に見られる諸々の取引は「没人格的な」法則により規制されており、この法則が「第一次の社会性」と対置される「第二の社会性」を特徴づけている。「第一次の社会性では、個人間の関係が優先されるかないしは優先されねばならぬ、とされている。これは家族、親族、婚姻関係、友人関係、仲間関係などが含まれる領域である。これとは反対に第二の社会性では、重要なのは個人的関係より社会行為者たちによる機能的関係である」[31]とアラン・カイエは書いている。さて、私たちが見てきたオーストラリア人の二つの例は、二つを隔てている大きな文化的隔たりにもかかわらず、第一次の社会性に属しているのが明らかな行為の中に、ある種の没人格性を導入しているのが見られるところでは共通している。「ビールの奢り」と「戦士が片手を背中に回す」ことは、第一次の社会性がつくり出す相互性の関係を、より直接的でないものにするのである。

酒屋、肉屋、パン屋

市場は最大限可能な限り相互性が直接的な形を取らないようにしている交換システムであり、そこでは第二次の社会性が体現されている。市場にいる二人の個人間での貨幣を用いた取引は、原則として贈与交換に見られるパーソナルな性格を示すことはない。贈り物をすることは、一つの関係を開始すること、ないしは持続させることである。これに対し、財貨あるいはサービスに対価を支払うことは、その取引を超えて続くような関係が生まれるのを排除することである。それゆえ、市場ではお返しの義務は存在しないし、市場には相互性の要求はないと言える。モースの弟子であるツダ・イツオが書いている通りである。「私がパン屋でパンを買うとき、私はパン屋といかなる義務によっても結ばれていない。ひとたび代価が支払われるならば、私はパン屋に対して自由であり、パン屋は私に対して自由である(32)」。私がまたそのパン屋に足を運ぶか運ばないかは、私の意のままである。次回に私たちは他のパン屋から買うこともできよう。この意味ではどのようなお返しも期待されていない。

商品交換についてのこの考察は、この章の初めで私が説明した他のやり方によっても裏づけられる。贈与がお返しを求めることは、一部の人々にはそのようなものは本当の贈与ではなく、代価が払われる商品の多少とも偽装された、多少とも偽善的な形態であると考えさせている。けれどもこのように考える人々は、商品に支払いする義務と贈り物にお返しする義務を同じようなものと見る思い違いをしているのだ。

お返しとして贈り物をすることは、相互性に適った仕草で初めの贈与者の気前よさを認知することであり、相互性の関係を認知することであり、先の贈り物はその認知を示す表現物である。実際、初めの贈与者の気前よさは彼からあなたに贈られる物品の価値に含まれているのでなく、あなたと相互性の関係になることを提案しているところに含まれているのだ。考え方しだいでは、このような関係は煩わしい。というのはこのような関係は、この先なされる贈り物の際に、予期することのできない義務を引き込むからである。つまり相互性の関係は、時間の中で変化し、その時々の個別の取引を超えていくような生命を持つからである。

これに対して商品の代価の支払いは、交換当事者間での相互の果たすべき義務を終結させる。いったん取引がなされたあとでは相互性の関係はない。理念的に言うと、商品交換は当事者たちを取引以前にそうであったと同じように、互いに疎遠な関係のままにしておく。ひとたび支払いがなされると二人は互いに背を向ける。だから商品の代価を支払うことは、交換の当事者間にある相互性の関係をまだ卵のうちに殺すことなのである。

贈与の相互性は分業が高度に発展している経済の中では、交換の基礎となることはできないだろう。(33)

アダム・スミスが考察しているように、近代人の物質的欲求を満たすのに必要とされる諸々の技術過程は、個人が動かすことができるようなパーソナル関係からなる限定されたネットワークが引き受けるにはあまりにも複雑になっている。「文明社会では、人は常に多数の人々の協力と援助を必要としているのに、一生をかけても何人かの人々の友情を得るのに足りない」〔スミス　二〇〇〇、三八頁〕。これが、各人が市場に援助を求めなければならない理由であり、市場ではパーソナル化された相互性関係の外で貨幣による取引がなされている。気前よさは勘定には入らない。アダム・スミスの有名な定式化ではこうである。「われわれが食事を期待するのは、肉屋や酒屋やパン屋の慈悲心からではなく、彼ら自身の利害に対する配慮からである」(34)。明日にあなたから受け取るものには少しも期待することなしに、肉屋はあなたに商品である食品を与えるであろう。肉屋に関心があるのはあなたが持っている貨幣である。そしてその貨幣で今度は、市場で生活に必要なものを手に入れる。

それでは市場経済はいかなる形の相互性も知らないというべきなのであろうか。そのように結論することは、実はレヴィ＝ストロースが現代の結婚について明らかにしているのと同じ誤りを、経済について犯すことになるだろう。レヴィ＝ストロースが「原始社会」での親族構造を集団間での女性の交換を原理とするものとして分析したことは、よく知られている。結婚に際して作用しているのがインセスト・タブー（近親相姦の禁忌）以外の規則であるのを私たちに見えないようにしているのは、現代社会で私たちの親族構造が持つ特殊な形態なのである。しかし、レヴィ＝ストロースは次のように主張する。インセスト・タブーというこの最小限の規則でさえも、それぞれの男性に身近にいる最も近縁な関係にある女性と結びつく可能性を遠ざけ、彼女たちが近縁でない他の男性と配偶関係になる可能性を与え、また他の男性たちが同じ近親関係ゆえに退ける女性たちの間から、それぞれの男性に一人の女性を探す権利を与える、ということを含んでいる、と。[35] 言い換えると、現代の結婚の中でさえ相互性の原理はいつでも存在しているのである。

相違は一つしかない。未開社会では、婚姻制度の対称構造は概して二つの集団を互いに関わらせるが、現代社会において対称の要素になるのは、一つは個人にまで収縮する傾向を帯びたクラス、もう一つは全体としての社会集団に重なり合うまでに肥大化するクラスである。[36]

さて、市場経済の中でもこれとよく似た論理が働いているのを見ることができる。現代の分業は、公式にではないが少なくとも慣行としては、生産者たちが自分たちの生産物を自分たち自身の物質的必要を満たすのに用いることを禁じている。婚姻制度と同じように広い交換ゲームに参加させるためにそれぞれの人に家庭から抜け出るように強制している。原則ではないけれど一般的なこととしては、人は自分で生産したものは自分で消費しない。実際、分業がほとんど発展していない社会においてさえ、個々の家庭が経済的に自給自足するというのは、社会的視点から見て思いもされないことであった。その理由はマーガレット・ミードに従ってレヴィ＝ストロースが引用するパプアニューギニアのアラペシュ族の警句が示しているように、個々の家庭の経済的自立は部族全体としてなされる活動を近親関係の範囲に引きこもらせてしまう罪深い享受を引き起こしかねないからである。

おまえ自身の母親
おまえ自身の姉妹
おまえ自身のブタ
おまえが積み上げたおまえ自身のヤムイモ
それらをおまえは食べてはならぬ
他人の母親
他人の姉妹
他人のブタ
他人が積み上げたヤムイモ
それらをおまえは食べてよい(37)

レヴィ＝ストロースにとっては、インセスト・タブーが女性の交換に都合がよいのと同じように、自分の労働の果実を自分で消費することに対して課される儀礼的禁止は、贈与交換に都合のよいものなのである。

現代経済の中で、原始社会ではっきりと見られるこれらの禁止の代わりをなし、また間接的な相互性の形を押しつけているのは社会的分業である。

この相互性は二人の個人間の交換のレベルでは現れない。さらにまた、二つの集団間の交換レベルでも現れない。私が買い物に行く肉屋にとって、「私の故郷はクンヤン」であるかどうかは、何の意味も持たない。レヴィ＝ストロースが分析している現代の婚姻の中でと同様、現代の経済の中では、対称の関係をなす要素は、一方では個人、他方では全体としての社会である。市場は個人をアダム・スミスが言う「多数の人々」（＝全体としての社会）に向かい合わせに位置させる。ビールの奢り合い仲間の枠組の中にいるビール飲みたちと同じように、個人の経済行為者はこの「多数の人々」に埋没している。経済行為者たちが相互によそよそしいままでいるとしても、あるいは取引を終えるとすぐに背を向けるとしても、相互性は彼らの背中の側で作用しているのであり、見えない手の衝動のままに生じている。

マオリ人たちのもとで、交換を司っている目に見えない精霊たちと同じように、市場の目に見えない手も社会的な関係の自己超越を生じさせている。全体としての社会が、個人間の交換の媒介をする「三番目の人物」なのである。実際、現代経済の中で相互性が実現されるのは、個々の交換のすべてを合わせた全体のレベル、つまり市場それ自体のレベルにおいてだけなのである。この相互性は、すべての人が市場に参加するという原則、一つの最小の原則を基礎としている。市場では、人々は自分や身内の者たちが消費するために労働することはない。自分たちの労働の所産を市場に持っていくことで、彼の生産活動の恩恵に浴する可能性を、他の人たちに与える。そのお返しとして、それぞれの人は自分が必要とする物品やサービスを、他の人々が市場に持ってくるであろうもののうちに求める。この相互性は一つの事実状態を表すものであるとしても、すなわち現代の分業の複雑性を表しているとしても、それはまた規範的性格をも表している。市場から完全に引きこもることを選択する人は、労働を販売することを拒否し、もっぱら自分自身の手配と働きによって建てた自分の家に住み、自分で収穫した食物を食べ、自分でつくった衣服を着ることになるが、このことで彼は経済領域であたかもインセスト・タブーを犯しているかのように、必ずや反抗者、侵犯者とみなされることになるだろう。(38)

繰り返すが、全社会的な商品交換のゲームに各人が参加することが、この相互性を安定した状態に保つために必要な唯一の義務なのである。この意味では、ある商品を購買する人は相互性に対応した行動を取る必要はまったくないように、交換する個人のレベルでもお返しする義務はない。このような行動は不要とされるだろう。あなたがメイトたち全員のためにビールを注文したあとで、パブの主人に「ありがとう。では明日、君に美味な牛肉とパンを持ってこよう」と言ったとしても、主人はちっとも喜ばないだろう。あなたに信頼を置くよりも、酒屋はあなたの貨幣を取り立てる方を選び、もし必要なら自分自身で牛肉とパンを買うために、あなたから取り立てた貨幣を第三者のところで使用しに出かけていく。酒屋が貨幣を受け取るのが明らかであるのと同様に、あなたの貨幣が他の商人たちにも必ず受け取られること、パブの主人が信じているのはこのことだけだからである。貨幣はそれ自体としては何らの価値もない。そのことが意味しているのは、あなたと酒屋との間の交換は第三の人物の潜在的存在なしにはまったく不完全であろう、ということである。肉屋やその他の商人に対して、酒屋はあなたから手に入れた貨幣を使うことになるだろう。

マオリ人のインフォーマントがハウの意味を説明したとき、その話の中での第三の人物の登場はモースを当惑させた。この謎を解くためには、交換とは二人の個人間でなされる取引であるとする現代人が自明としている前提を乗り超える必要があった。ここで私が論じようとするのは、現代の交換に関しても、この現代人が自明とする前提はほとんど当てはまらない、ということである。貨幣を用いる交換でもまた潜在的に第三の人物を含んでいるのだ。貨幣には内在する価値がないとすると、贈られたものがお返しされることを保証できるのは第三の人物だけである。あなたに与えるビールのお返しとして価値のある品物を手にするために、酒屋は第三の人物を相手としなければならない。酒屋と肉屋との取引もそれのみでは同じように不完全なものであるだろう。肉屋が酒屋に与える牛肉に見合うものを受け取るためには、彼は今度はパン屋にいくことを余儀なくされるであろうし、パン屋はまた他の店に行き、ということでこの円環には終わりがない。マオリ人の例の中にあるように、現実には第三の人物がグローバルな循環の連続する流れに送り返すのである。

マオリ人の贈与交換と現代の貨幣を用いる交換のケースでの相違はどこにあるだろうか。私がいま取り上げている酒屋にとって、肉屋を相手にして互いに望むものがぴったり一致している必要はないし、肉屋がパン屋とそのようである必要もない。商品の循環の流れは、友情、婚姻関係、親族によってつくられている轍の上をたどったりしない。この円環は、第一次の社会性を特徴づける個人レベルの信頼関係を省略してグローバルのレベルで円環を閉じるのである。貨幣経済はこのようにすることで贈与交換で出現してくる信頼の問題を完全に取り除いてくれる。貨幣による取引の中では、贈与する相手に信頼を持つことなど必要ない。人は今度は受贈者からのお返しを期待することなしに、彼から代価の貨幣を受け取ることで満足なのだ。しかし信頼の問題が取り除かれたわけではない。信頼の問題は場所を移されただけである。信頼の問題は貨幣そのものに関わることになるのだ。

貨幣はそれ自身では価値を持たないと先ほど私は言った。貨幣を受け取る人がそれをまた貨幣として使うという関係は、もっと遠くまでつながる。そこでは、各人はお返しとして貨幣以外には何も受け取ることなく与えるのを受け入れるが、その理由はお返しとして貨幣以外には何も受け取らないであろう第三の人物がいるのを予期しているからである、ということに何ら変わりはない。貨幣経済はこの意味では一つの巨大な器用な工夫の上にある。「本当の」お返しを限りなく先送りしつつ、贈るということにすべての人が合意する必要がある。この仕掛けはすべての人がそれに信頼を置く限りうまく動く。あるいはむしろ人々が貨幣を信用しているときにうまく動く。この仕掛けは、交換の当事者たちが貨幣はそれ自身で本当に価値を有していると信じる限り、うまく作動するのだ。

肉屋、パン屋、雇われ人、消費者…すべての人があなたに、現代の社会のすべてと言わないまでも、現代経済は貨幣価値の上に基礎を置いていると言うだろう。ところで現代の経済学者たちはレヴィ＝ストロースが「原住民の思考」に「ごまかされない」ように保っていたのと同じ用心を払っている。レヴィ＝ストロースが贈与の精霊の力を否定したのと同じように、これらの経済学者たちも「貨幣が内在する価値を持つ、という幻想」を退ける。経済学者にとって貨幣とは中立的な手段にすぎないのであって、諸々の取引を超えるいかなる実体も持たないのである。「この手段的な考え方では、貨幣は、物品とサービスの交換の上にかぶせられたヴェールにすぎないとみなされている」[39]とブルーノ・テレは書いている。「交換の上にかぶせられたヴェール」という表現は、構造主義者のハウについての考え方を要約するものでもある。それでは貨幣はハウの現代的等価物なのだろうか。

マオリ人たちが、ハウが交換の好ましい展開を保証すると信じている限り、好ましい交換の展開はハウの力を裏づけるだろう。同じように、すべての市場での行為者が貨幣の価値を信じる限り、貨幣の価値は事実として裏づけられるだろう。アンドレ・オルレアンが強調している通り、貨幣の働きは「貨幣への信憑が交換のゲームによって裏づけられているということを自己達成[40]」しているのである。ハウの場合と同様に貨幣の場合も、交換する当事者たちの信憑と集合的な交換のゲームとの間にある関係は循環的なのである。個人たちが貨幣に持っている信憑は集合現象の基礎の上にあるが、この集合現象も個人たちの信憑に依存していないわけではない。もし、人が一つのまとまりとしての社会集団を構成しようとするなら、「ある補完部分をこの集成につけ加える」[41]必要がある。それについてはジンメルに従い「この社会 - 心理的な補完部分は宗教的信念に似ている」[41]と言うこともできよう。

貨幣に宿る価値への個人たちの信憑は、市場の運行にとって欠かすことができない。正統的経済学者たちは貨幣経済をペアをなす個人行為者間での契約取引の連鎖に還元しようとしている。しかし、このやり方では貨幣そのものを説明するときに壁に突き当たるとアンドレ・オルレアンは指摘する。[42]貨幣は個人間の契約の産物ではなく、たとえそれが創発的な超越であり、一種の自己超越であるとしても、一つの超越レベルを表現するもの以外ではないのである。

貨幣の中に自らを体現することで、社会集団の自己超越は個人間の諸々の取引の中で第三の人物の媒介として介入する。二人の個人間の取引でしかないものにも実は全体としての集団が媒介として入っているのだが、諸々の取引は相互に独立したものとして見えてくることになる。しかし、これら個々人の取引は実際には巨大な循環の中に参加しているものなのであり、その循環の中では各行為者は貨幣を受け取り、その貨幣は他の行為者も同じように使用するという想定のもとで流通する。

この円環の脆弱さは、貨幣が危機に入るたびに明らかになる。このときプラスの循環であったものはマイナスの循環に変化する。各人は他の人も同じように受け取るのを拒否するのではないかという恐怖から、貨幣を受け取らない。貨幣に価値がないと信じることも、貨幣に価値があると信じることと同じように、貨幣が人々にどう映るかに運命がかかり、人々に受け取られた通りになる。全体としてのまとまりを保証するのに必要な「信じるという補完部分」がないときに生じるのは、貨幣の崩壊である。これは円環の復讐である。

もちろんこのサイクルはいつもこのように瞬時に電撃的に生じるのではない。たいていこの復讐はゆっくり時間をかけて進行する。それは劇的な通貨崩壊ではなく、緩やかで漸次的な価値の減少によって、あるいは逆に価値の増大によって示され、いずれも交換に打撃を与えることで終わる。というのも貨幣が稀少な商品になるなら消費者は貨幣の使用に躊躇し、企業も投資をためらうことになるからだ。ところで消費者の収入は企業の投資に由来するし、企業の収入は消費者の消費に由来する。もう一つのプラスの円環が、貨幣への信頼が消滅すると直ちにその方向を変化させる。今度は、各人は他の人たちも同じことをするのではないかとの恐怖から、貨幣を消費や投資に使用すること（つまり贈与すること）を拒むのである。労働者たちはそれなりの給料をくれる雇用を確実に見つけることがないなら、購買を切り詰めるだろうし、企業は自分たちの製品が十分な価格で確実に売れるのでなければ、フル操業を控えるだろう。

市場経済は二つの非常に単純な原理の間の円環を、つまり循環関係を基礎としている。一つの原理は、貨幣は物品との交換で手に入れるということであり、もう一つの原理は、物品は貨幣との交換で手に入れるということである。この市場経済というマシンがうまく働く限り、これら二つの原理の接続はうまくいっていると信じることができる。しかし私たちが見たように、マシンは次の二つの場合にはうまく作動しない。一つは人々が物品との交換で貨幣を手に入れることができないのではないかと恐れる場合であり、もう一つは人々が貨幣との交換で物品を手に入れることができなくなるのではないかと恐れる場合である。前者は失業の増大、後者は価格の上昇である。ところでそれぞれの恐れは自己実現的である。ひとたびそれが始まると、そのプロセスは持続することになる。インフレと失業の悪循環は周辺的な現象でも偶然的な現象でもない。それはシステムの根底にある循環性を示すものなのである。

市場の囚人

二〇世紀最大の政治家はこの循環性を直感的に理解していた。一九三〇年代の恐慌に直面して、一九三三年三月四日にフランクリン・D・ルーズベルトは合衆国大統領としての最初の演説を、次の有名な言葉で始めている。「われわれが恐れなければならない唯一のことは、恐れることそのものである」。恐怖そのものだとルーズベルトは言う。「名前も理性も持たず弁護もされもしないこの恐怖は、後退を前進に転換させるために必要な努力をマヒさせてしまう[43]」。しかし乗り超えるためには問題が何か明らかにするだけでは十分ではない。恐れることなく前進すべきであることがわかるとしても、誰が最初の一歩を踏み出すのか。

この傾向に挑戦する最初の人は破産することになるかもしれない。この意味では恐怖は根拠のないものではない。それぞれの人は他の人たちが同じように身を引くときには、身を引くのが正しい。このマイナスの相互性の状況に立ち向かうには、個人たちの善意は無力である。貨幣経済の中では個人間の個別の取引は、それ自体では不完全なものであり、他の取引の全体に根本的に依存している。相互性が位置するのは全体のレベルにおいてであって、個人のレベルではない。私がすでに示したように、個人間の取引ではお返しの義務は存在しない。(44) しかもモースによって明らかにされた他の二つの義務、すなわち贈る義務と受け取る義務もまた存在しない。もし行為者たちが円環は全体のレベルでは完結し閉じていることを確信するのでないなら、行為者たちは貨幣を渡すことも、受け取ることも恐れることになるだろうし、個人間の取引も行なわれないであろう。

このような条件のもとでは、唯一恐れるべきことは恐れることそのものである、と言うしかないだろう。励ましの言葉を受けて踏みとどまろうとしても、恐怖そのものは途轍もなく大きい。またルーズベルトもこのことをよく理解している。「激励する以外になすすべを知らず、信頼を回復するために目に涙を浮かべて祈るだけの(45)」実業界のスポークスマンを、彼は揶揄している。実際、いったん失ってしまった信頼を、消費者たちや企業家たちに取り戻すようにお願いすることほどむなしいことはない。他の人たちが何を行なうか知らないのに、自分の物質的存続を犠牲にするかもしれない仕方で、未来に賭けようとする人は誰もいない。後退を前進に変えるためには、つまりマイナスの相互性をプラスの相互性に変えるためには、すべての人が一致して最初の一歩を踏み出すことが必要だろう。しかし市場は、ばらばらに孤立した行為者たちの集合にこのような同調を可能にするようないかなるメカニズムも発動させることはない。

酒屋、肉屋、パン屋はすべて失業の減少を望んでいる(46)。減少を望むのは善意からだけでなく、それが彼ら自身にも利益をもたらすことになるという配慮からである。というのは雇用されていない客は酒屋、肉屋、パン屋の店でほとんど購入しないからである。もしそれぞれの商人あるいは企業家が人を雇用するなら、彼らの努力は消費の再上昇によって補償されることになるだろう。しかし、このような良好なサイクルを再スタートさせるために必要な諸々の努力は、市場の構造そのものによってマヒさせられている。市場の構造は、肉屋がパン屋を信頼するのを妨げ、パン屋が酒屋を信頼するのを妨げる。もしそれぞれの人が他の人たちも自分と同じように行動すると確信できるなら、それぞれの人は自分自身の利益を実現するために行動できるだろう。ところが、あいにくなことにこのケースではそうなっていない。彼らは閉じこめられている悪循環から抜け出ることができず、酒屋、肉屋、パン屋は「市場の囚人」になっているのである。

この公式はそれほど強力というわけではない。市場の囚人である行為者たちは、「囚人のジレンマ」

のゲーム理論で研究されている意思決定の状況にいるという意味で、そうなのである。ここで関連しているることを簡単に想起してみよう。ある重大な犯罪を一緒に行なった二人の人物が逮捕されている。仮にテキサスでのこととしよう。そこでは彼らは最も重い罪に問われかねない。しかし、自白なしには彼らを長期間にわたって拘留するのに十分な証拠を警察が持っていないことを、彼らは知っている。少しでも早く釈放されるためには、黙秘することである。

しかしながらテキサスの保安官もしたたかである。彼は二人の拘留者を別々の独房に閉じ込め、ついでそれぞれに対して、もし二人のうち一方が黙秘し他方がもう片方を告発するなら、自白した者は即刻釈放され、もう一方は死刑になると説明する。もし二人とも自白するなら、それぞれとも五年間監獄に入ることになると告げる。もちろん二人とも黙秘するなら二人がもっと早く出所することができるのを、二人は知っている。片方の人物が自分を裏切り、自白することをそれぞれは恐れる。これは自己実現的な恐れなのである。というのは、他方も同じことをするだろうという恐れから、それぞれは自白することになるから。

囚人のジレンマはしばしば純粋な経済合理性の限界を示すものとして引用される。各人が自分の利益を追求するという選択が、自分の利益の視点から見てさえも、利益最大化とは違う結果に導く状況を示すからである。相互的な信頼関係の欠如は二人の被拘置者をして、必要以上長期間、監獄に閉じ込めさせることになる。もっとも、それがどれほど劇的な結末であるにせよ、この場合の結果は特殊な状況に依存しているので、その射程はごく限られたものにすぎないと考えられるかもしれない。そうだとしても、二人のワルにとってのこの教訓の他に、どのような重要な含みがそこに読み取れるだろうか。

実際には囚人のジレンマはかなり遠くまで届く射程を持っている。通常見落とされていることは、市場の状況が悪化するたびに、市場で行為者たちが示すのと同じジレンマが囚人のジレンマにあることである。(47) 信頼を持つという条件から人を背かせてしまう市場のマイナスのサイクルは禁固刑と等価であり、破産は死刑に等しい。ここでもう一度、各人が自分の利益だけを追求するという選択は、その個人の利益の視点から見てさえも最善の結果をもたらさない、と言おう。相互的な信頼関係の欠如は人々をマイナスのサイクルに閉じ込め続ける。(48) そのような行為が他人たちによって維持されているとしても一部の人は他の人たちの意思に逆らって行為する。しかし、ここでは、他の人々の行為を支配することができないだけでなく、他の人たちの行動の結果を超越的な力として、自分の身に引き受けることにもなる。

この力に対抗するには個人たちは無力である。他の人たちがそうするからと言ってそれぞれの人が後退するとき、マイナスの相互性のサイクルは作動を開始し、いかなる個人もこのサイクルを逆転させることはできない。人間はある超人間的な力、メタレベルに位置している力に援助を求めることなしには、後退を前進に変形することはできない。

幸いなことにこの力は存在する。国家である。もしマイナスの相互性のサイクルを逆転させようと望むなら、最初の一歩をなすのは国家である。国家の媒介によって個人たちは悪循環から脱け出る。

一九三三年三月の大統領としての最初の演説の中で、ルーズベルトは信頼を回復しようと呼びかけるにとどまってはいない。信頼を回復するには人格としての国家が最も緊急な課題として「人々に仕事を与える」という任務を保障することだ。そう彼は約束する。「この課題は、部分的には、国家自身によって方向づけられ、人々を雇用することによって達成されよう」[49]。

自由主義経済学者たちの破門に立ち向かい、そして金融界の激しい敵意に立ち向かい[50]、ルーズベルトは引き続き一連の政府主導の投資を通じてこの約束を果たすことになる。民間事業局（Civil Work Administration）は五〇万マイルの道路の建設ないし補修を行なうだろうし、一〇〇〇の飛行場と四万の学校を建設するだろう。連邦緊急救済庁（Federal Emergency Relief Administration）は七〇〇〇の橋と五〇〇〇の公共施設の建物をつくり、一五〇万人の成人の識字化に努めるだろう。雇用促進局（Work Progress Administration）は二五〇〇の病院を建設ないし改修し、レクリエーション用に一万三〇〇〇のグラウンドを建設するだろう。連邦作家プロジェクトと連邦アーティスト・プロジェクトはリチャード・ライト、ヴィレム・ド・コーニング、ジャクソン・ポラックなど才能ある作家たちを援助するだろう。そして連邦演劇プロジェクトはアメリカ全土を通じて三〇〇〇万人もの観客を前に公演を行なうことになるだろう[51]。

一九三三年の春に合衆国は一五〇〇万人以上の失業者を数えていた。一九四一年には失業者数は六〇〇万人になった。[52]言い換えるとルーズベルトは失業者の数を六〇パーセントも減らしたのであった。たしかに一九四〇年以後には、軍事支出の増大が失業の急速な減少を引き起こすし、アメリカが第二次世界大戦に突入すると、失業は完全にゼロになる。しかし、だからといって軍事動員が経済の面でより大きな効果を持っていたと結論することはできない。戦争が効果的であるのを示すのは政治の面においてである。というのは、戦争もまた、恐れるべき恐怖を、すなわち国家の介入という恐怖を打破させるものだからである。[53]ルーズベルトは一九三三年の演説の中で、失業問題にあたかも本当の「戦争」[54]を仕掛けるように、緊急の様相を帯びた課題としてこの問題に取り組むことを示唆していた。しかし、純粋に経済的な視点から見ると、無制限戦争に訴えることなしでも国民のエネルギーを動員することは可能だったのである。

経済での介入であれ政治での介入であれ、いずれにせよアメリカ経済を失業の悪循環から脱出させたのは、国家の介入であった。しかし、国家が戦争に入り込むとともに、経済はもう一つの悪循環に、つまりインフレーションの悪循環へと地滑りを生じさせかねなかった。軍事の諸支出は、それが商品の総量を増大させることなしに流通している貨幣量を増大させるのに応じて、当然ながらインフレーションの傾向をもたらす。そして第二次世界大戦は未曾有のコストを払わせる。一九四〇年から四五年までの期間にアメリカ国家は、それに先行する一五〇年間に消費したもの全体のほぼ二倍を消費した。[55] 第二次世界大戦は、第一次のそれよりも一〇倍以上高くついたのである。「インフレーションは第一次世界大戦の記憶の一部である」[56] とアメリカ経済学会の会長であったケネス・ガルブレイスは想起させている。だが「インフレーションは第二次世界大戦の記憶の一部にはならなかった」。このことはどのようにして可能であったのか。

ひとたびインフレーションが始まると、マイナスの相互性のサイクルが開始し、いかなる個人もこれを停止させることはできない。もし肉屋が値段を引き上げるならパン屋もまた引き上げるだろう。というのはパンを売って得た貨幣でもって十分な量の肉が手に入らないことを恐れるからである。そして、もしパン屋が値上げをするなら酒屋も同じことをするのを余儀なくされるだろう。しかし、肉屋がビールを飲むためにはより多く払わなければならないのに気づくとき、肉屋は自分の商品の価格を新たに引き上げるであろうし、ことは同じように進展する。各人は仕返しの連鎖の中に入り込む。と言うとしても執念深い悪意からそうするのではなく、自分に利益をもたらそうという選択ゆえにそうするのである。市場の囚人である肉屋、パン屋、酒屋は、ある超越的な力なしには、つまりメタレベルに位置している力の援助なしには、自分たちが閉じ込められている悪循環から脱け出ることはできない。

ルーズベルトの政府は神のようにある単純な方法でインフレーションのスパイラルを停止させる。彼は商人たちに価格の引き上げを禁止する。肉屋はこのラディカルな措置を受け入れるが、その理由はこの措置が同じようにパン屋にも適用されることを知っているからであり、パン屋もこの措置が酒屋にも適用されるのを知っているゆえに受け入れる。こうして個人たちはプラスの相互性の関係の中に入ることになる。国家の媒介によって個人たちは上から下へと、悪循環から脱け出るのである。

戦争中、アメリカ経済の国内製品価格のコントロールを任されたのは、自由市場の抽象モデルよりも経済の実際の進行に関心を引きつけられていた一人の若い経済学者、ジョン・ケネス・ガルブレイスである。実際、経済の進行は容赦なく自由市場モデルを裏切っていた。経済の機関車を脱線させてしまうどころか、国家という目に見える手は、経済を比類のないパフォーマンスへと導いたのである。すなわち、失業ゼロ、インフレーションは最低限、そしてGNPは数年間で三分の一以上も増大する。(57)「ショック療法」は成功したのである。アメリカ経済が一九三〇年代の恐慌と四〇年代の戦争から脱け出て世界の中で支配的地位を占めたとすれば、それは国家の介入に依っていたのである。

国家は本当に強力な働きをするものである。ひとり国家のみがビジネス界の人々を、彼らがその中にいつでも陥ってしまう悪循環から脱出させる。マイナスの相互性のサイクルが開始するとき、二つのケースが可能である。国家がマイナスの相互性を存続するままに放置するか、あるいはそれを終わらせるために直接に介入するかである。

経済の中での国家の役割はルール遵守を保障することに限られるわけではない。市場の諸ルールは自己充足的ではない。市場のルールはプラスの相互性の基礎をなしているところの、贈り、受け取り、そしてお返しする義務を知らない。たしかに市場において、プラスの相互性は個人たちの取引のレベルでは存在していない。とはいえ、それは排除されているのではなく、メタレベルに移転させられているだけなのである。現代社会においてこのメタレベルは政治であり、国家の管轄に属している。原初の人間社会では儀礼が社会をうまく動かしていたが、現代社会では国家がこの儀礼のレベルを引き継ぐのである(58)。それゆえ市場においてばらばらで孤立しているが実は相互に依存している諸々の取引の全体から出現してくる相互性のプラスの性格を維持するよう監視することは、国家の役割に属するのである。

二〇世紀の最も偉大な人物は直感的にではあるがこの相互性を理解していた。大統領としての最初の演説の中でルーズベルトははっきりとマルセル・モースの名を引用することはないが、一〇年前に「贈与論」の中でフランスの人類学者によって明らかにされた三つの義務について、一つひとつ言及している。「われわれはいまでは、以前には互いに相互依存の関係にあったのを知らなかったことに気がついている。だがわれわれは受け取るだけでなく、贈らねばならないことをいまだに知らないでいる(59)」。ついでお返しの義務である。「私自身の内部に信頼を根づかせること、それはこの機会が求めている勇気と熱意をお返しすることである(60)」。そして最後に演説の終わりでこう言う。「多くの場合、忘れられている義務は、受け取る義務である」。この恐慌の時期における指導者として自分を示しつつ、ルーズベルトは次のように言う。合衆国の市民たちは「私を諸君の意思を示すための道具としたのである」。そして彼は、この付託を一つの贈与としてとらえ、贈与の精神と一致するものとして受け取る。「贈与の精神において私はこれを受け取る」(61)。

このように贈与の精神に言及することによりルーズベルトは、ばらばらに孤立した個人たちの集合がバルコニー上にいる第三の人物の媒介なしには表現しえないこの相互性の道具となることを自分に課している。ルーズベルトの言葉は虚空に放たれることはない。その言葉は人々の間で前例を見ない反応を生じさせる。演説の次の週にはほぼ五〇万人もの人々が、それぞれなりに、新しい大統領に宛てて手紙を書く。たった一人で郵便物を扱っていたホワイトハウスの係員は五〇人では足りない助手を雇わなければならないのを知るだろう(62)。国家によって方向づけされた雇用は速やかにスタートする。

個人のレベルでパーソナルなつながりが存在していないとき、相互性の環の両端はメタレベルでつなぎ止められなければならないか、つなぎとめられないまま放置されるかである。交換のグローバルなレベルを管掌しうる媒介者が存在しないときには、その両端をつなぐいかなる働きも生じることがない。しかし相互に無縁である個人行為者たちは自分たちを再び結びつけるものをまったく持たないのではない。それは第二次的な社会性に基礎を持つ商品関係の没人格性であり、この没人格性は個々の交換者を超えて作用するものへの信頼を要求する。最初の演説による指針をはじめとしてルーズベルト大統領により達成された最も重大な使命は、このような信念を鼓吹することにあったのである。

第3章

あなたと私

二人で一緒にいれば一つ、
離れてしまえば、独りぼっちが二人、
でも愛を加えて数えれば三になる、
こうして互いを思いやる
ステファン・スティル

一人、神、あなた

商品経済は個人と個人の間でのパーソナルな関係を省いて、つまり贈りお返しするという相互性の関係を省いて、貨幣と商品をつなぐ。ところでまた、人々が市場という全体の中で一つに結びつけられているためには、個人と個人はいったんパーソナルな関係からメタレベルに抜け出て、そこから再び個人と個人の関係に戻ってくることも必要である、このことも明らかである。前章の終わりで私が示したのはこのことであった。それでは、このような商品経済のもとでの人々の関係の対極をなす個人と個人の関係はどうだろうか。贈り・受け取り・お返しするという相互性の絆が二人の間に存在しているなら、それで十分なのだろうか。二人で一緒にこの相互性の関係を支えることで十分なのだろうか。言い方を変えると、相互性の環は、具体的な個人と個人の関係からいったんメタレベルに抜け出して再び戻ってくることなしには閉じることができないのだろうか。実はこれは、結婚が宗教のもとで管理され挙行される儀式の枠組から抜け出てから以後、現代のカップルに突きつけられている問題に他ならない。

前章で私は、現代の経済をレヴィ＝ストロースが『親族の基本構造』で分析したような現代の結婚と比較してみた。経済も結婚もともに、個人を全体としての社会に向かい合わせに位置させる間接的で巨大な相互性のシステムなのである。しかし経済とは違って結婚は個人のレベルで直接に相互性の絆をつくり上げる。結婚の場合、相互に相手に夢中になることはカップルの中に行き先を見い出すが、肉屋とパン屋の商品交換の中ではこれは生じない。他方、市場での売り買いは行為者たちの関係を相互によそよそしいままに放置するのに対して、カップルはそれとは違う特別の親密な場をつくり出す。なるほど個人が夢の配偶者を探すのは社会学者が「結婚市場」と呼ぶものの中であるが、配偶者を見つけたあとでは二人は持続的な関係をつくり上げようとして市場に背を向ける。

しかしカップルをなす二人が、二人を超える何ものかを信じることがないとすると、このような持続的な関係をどのようにしてつくることができるのであろうか。超越的な媒介者の支援なしにどのようにしてそれを達成できるのであろうか。伝統的な宗教の側からの回答は単純である。超越的な存在の援助なしにそれは不可能であるというのである。カトリックの日刊紙『アヴェニレ』の記者に対してなされた会見で、イタリアの女優クラウディア・モリは感嘆すべき明瞭さでこの問題への伝統的見解を表明している。「二人の配偶者の結合は、人が三者でいることを求めるものです。もし夫と妻との間に神さまがいないなら、夫も妻も独りぼっちでいるしかありません」[1]。モリの言う神は、マオリ人のハウと同様に、配偶者間の関係を取り持つ。クラウディア・モリのケースでもマオリ人のハウのケースでも、媒介者による支援は何らかの超越者を信じることによる補足を必要としている。

ところでカップルを宗教の制約からも市民法の制約からも自由にすることで、現代社会はカップルだけで二人の関係のあり方を決定させるに至っている。しかしこれらの制約からの解放には代価が求められる。カップルの存続は、いかなる瞬間にも一方のパートナーが常に相手に対して好意を示すことに依存するので、脆弱な関係なのである。しかしこの脆弱な関係は、カップル関係以外の社会生活の中では重要性を増大することをやめないでいる商品交換がすべての社会の制度を不安定なものにしているのに応じて、その分だけ重い負担を支えなければならない。愛し合う者たちと社会との間の夢想的な関係が生み出す対立関係は、フランスの社会学者フィリップ・カイエが家族セラピーについて観察したように、ついには完全に敵対的なものになってしまう。『ボヴァリー夫人』〔一八五七、フローベール作〕や『チャタレイ夫人の恋人』〔一九二八、D・H・ローレンス作〕が書かれた時代にはカップルはまだ「社会通念」に挑戦することができたとしても、今日ではその関係は逆になっている。「社会の変化がカップルに挑戦している」[2]のだ。

ローレンスの小説が出版されてからまだ二〇年しか経過していない一九四六年に、フィリップ・カイエが引用しているマーガレット・ミードの書物はすでにこの変化を反映していた(3)。アメリカ人の人類学者ミードはこう書いている。「何ものも壊すことのできないはずの夫婦という枠組の中で、人は口論し、ふくれ面をし、冷淡になり、頭を抱えている。いまでは口論するたびに以下のように問うに至っている。「離婚したいの?」「私、離婚したいのかな?」「これで終わりなの?」」。しかし、「おそらくすべてが変化していると思われる未来に目を向けている」社会、あるいはそれぞれの仕事、家庭、友人、愛する人を「熱意とオプティミズムをもって」迎え入れる社会、そしてあらゆる瞬間に個人のすべてを潜在的なパートナーである男性たちや女性たちの前に置くような社会では、絶望する理由など一つもない。ここでは、一つの関係の終わりは新しい関係の扉を開くことである。「もしその結婚がうまくいかないなら、それが適切でなかったということで、次の結婚はうまくいくだろう(4)」。

ハリウッドの若い俳優チャーリー・シーンは、半年間の結婚生活が破局に終わったときに、こうした考え方を模範的なほどあっけらかんと示している。「自動車を買うわけです。故障したとしますよ、そのときどうします? 買い換えるでしょ(5)」。結婚に対して適用されたこのメカニックな比喩は結婚という第一次的な社会関係の最終の本拠地にまで機能的合理性が侵入していることを示している。イタリアの女優が表明した宗教的感情とこのアメリカ人映画スターの考え方との間には数光年の隔たりがある。魔術から解放された今日の社会には、聖なるものはもはや存在しないのであろうか。

チャタレイ夫人、その恋人、そしてジョン・トマス

ミードと同じ頃に書かれるのだが、モース論文集への序文の中でレヴィ＝ストロースは「他のどこよりもアメリカで見られる、性生活に浸透している神聖視とタブーの雰囲気」(6)に言及している。しかし、よく知られているようにそのあとで性生活の習俗は変化を見る。アメリカでもその他の国でも聖なるタブーは後退し、セックスは義務となった。エイズの到来とともに、ちょうど運転免許と同じように、安全について義務づけられた保険料を伴う義務となった。(7)

しかしながら最も恐れられている危険は病気よりも「機能不全」である。「故障」を持った恋人たちは市場に溢れている「セルフ・ヘルプ」の案内書の中に、彼らの求めに応じてのテクニカルな助言を容易に見つけることができる。しかし、あいにくなことにこのようなやり方での助言では、人の性行動については、生産的とは逆なことになりかねない。一連のテクニカルな手順は一直線に目的に導くものではないから、一途な努力によってこの目的を追求するということそのものが、当人をして悪循環に陥らせてしまうことになる。カリフォルニア州パロアルトのポール・ワツラウィクと彼の同僚たちはこの場面で出現する逆説をはっきり見抜いている。私たちがすでに贈与のケースにおいて見てきた「贈与は自発的、自然体であれ」に含まれるダブルバインドの新バージョンをなす逆説である。

「勃起ないしオルガスムは自然な状態でもたらされる現象である。それを期待すればするほど、望めば望むほど、求めれば求めるほど、それを実現するチャンスは減ってしまう」(8)。それゆえ男性的「パフォーマンス」の要請の内在化は、インポテンツ状態を強めることになりかねない。あたかも自分の性行動を完全に支配しようとする男性が、自分の意思に従わないペニスの背徳的な強情さに衝突することになるに違いないように。

テクニック優先のセクソロジーの流れとは切れている一九七〇年代の「リラックス」スタイルで書かれた書物の中で、アレックス・コンフォートは、たぶん彼なりの仕方で、このダブルバインドへの解決策を提案している。彼はペニスの象徴的な重要性に注意を向ける。それは一つの「固有の意思」を持ち、一つの「人格」を持っているように見えるので、恋人たちはそれを「第三の人物」として扱うように導かれるであろう。「性愛的な関係の中でそれがポジティブな仕方で彼のものであるのと同時に、ペニスはまた二人にも属しているというのは、良いしるしである」(9)。D・H・ローレンスの小説の中で、チャタレイ夫人が言っているのと同じである。「これはあなただけのものじゃないわ、私のものよ！」。そしてまた彼女は次のようにも言う。「それにこの毛は何て可愛らしいの！」。森番はそれに答える。「それはジョン・トマスの髪で、おれのじゃない！」。そしてこう不平を漏らす。「ときどきおれはこいつをどう扱っていいかわからなくなる。そうだ、こいつには自分の意思があって、それに合わせるのが難しくなる」(10)。

この文章の中では男性の器官は本当に第三の人物として出現している。「まるで別の生きものみたい」[11]とチャタレイ夫人は言う。そしてこの存在は、ほとんど贈与の精霊と同じような仕方で、二人のパートナー間の関係を媒介する。実際、森番はチャタレイ夫人に対してそれをまさしく彼女に贈り物をするかのように示している。「ほら！　頼むよ！　こいつはあんたのものだ」[12]。ここに、モースが分析した贈与との類似がはっきり認められるだろう。一方では、それはその男性の象徴的な延長である。他方では、現代的に開明化されたアニミズムによって自立的な意思を与えられている。マオリ人のもとでそれと同じようなものが見られるアニミズムであり、マオリ人にとって「勃起を含め、すべての形態の信憑は、神々の活動のしるしをなしている」[13]。

ペニスが男性と直接に同一視されるときに問題を提起することになるこの自律性は、ひとたび外在化されるならそれなりの切り札となる。「あなたは今晩どんな状態なの？」と訊く女性は、男性の性器を、男性の気分状態を読み取らせる透明な指標と受け取ることで、このダブルバインドを悪い方に持っていってしまう。この罠から逃れるためには、女性がその問いを「ジョン・トマス」についての問いにつくり変えるだけで十分である。「彼は今晩どんなふう？」

比喩的な語り方であるが誤解を生じさせることはない。性行動において自然体でいるとはこのような状態であり、その状態は男性が直接に自分の意思でコントロールすることで却って逃げてしまうのである。反抗的な彼の器官を彼の意思に従わせようとすればするほど、彼の器官は彼に復讐する。機能不全の無能力の悪循環から逃れるためには、男性は性器そのものが「非常に強力なもの」であることを認め、彼がそれを支配する上で無力であることを受け容れる必要がある。逆説的なことであるが、性器を自律的な力として物象化することで、人間はより大きな程度の自然体の状態とより大きな程度のコントロールとを同時に手に入れるのである。

グラスを洗うのは誰？

なるほどセックスに関する困難は、それらがカップルのもっと深いところにある諸々の問題を隠しているなら、このやり方では解決されないかもしれない。その関係が、パートナー関係が始まるほどに親密でないなら、その関係を救い出すにはジョン・トマスは無力かもしれない。問題の根元へと遡ることは、二人の人物間に存在している相互性の絆について問うことを含んでいる。

夫婦セラピーにおいては「たいていの場合、問題はその夫婦関係の基礎を形づくってきた、相互に何を与えるかについての合意の主内容を変更するという、ほとんど乗り超えがたい困難に関わっている」とパロアルトの心理学者たちは論じている。ワツラウィクのグループによると、事実、そのような夫婦関係はお互いに与えるものについて陰険な交換を基礎としていて、そこにはさまざまな背理がはらまれている。「私たちは、私たち自身について持つイメージを、私たちが重要と認める人々がその通りと認め同意してくれる程度に応じて、自分を本当の自分であると感じる。そしてこの確認ないし同意は、それらの人々が何らの束縛のない状態で自発的に与えてくれるときにしか、意味を持たない。このようなわけで、人間関係の唯一の理想的なケースは、何らの背理も含んでいないものということになろう」。一般的には夫婦関係のもとでは「結託」の要因が多かれ少なかれ含まれていて、それは「私にこれこれしてくれるなら、あなたに私もあれこれしてあげる」[14]という駆け引き（marchandage）の形で示される。

私たちはここでもまた鷹揚に振る舞うことの自発性と相互に相手の求めに応じることの間で、明白な緊張を新たに見い出すことになる。この緊張の中にパートナー間の「結託」の関係を認めつつ、パロアルトの心理学者たちは気前よさの振る舞いを「虚構、形式性、社会的嘘」に関わることであると言い、前章の冒頭で引用したモースの公式を取り上げている。この公式がそれだけで相互に相手に与えるもの（相互的給付）に関わる全現実を要約しているとするなら、それは本当の意味での「贈与」ではないと人は考えるかもしれない。そして「結託」についての文章の中にそれを見つけるかもしれないが、それは贈与でなくて駆け引きだからである。

モースにより記述された原始社会のコンテクストの中での贈与の存在は交換には第三の媒介者が含まれているということを前提している、と私は示してきた。ところで『小ロベール』辞典は「共謀（結託）」（collusion）の語を「第三者を犠牲にしての秘密の協定・同盟」と説明している。個人主義的な概念から出発して交換を説明するときに除外されてしまうのは、この第三者の存在である。魔術的な媒介者に支援を求めることは現代のコンテクストでは問題外である、というのはその通りであろう。それではカップルにおける相互性は商品交換の多かれ少なかれ覆い隠されたバージョンにすぎない、と言うべきなのであろうか。

「「あるものに対して他のあるものを提供する」というこの種の市場が存在しないときには、つまり「生活のゲーム」の一部としての関係のうちで相互に相手に与えることを受け入れていないときには、人はさまざまな問題にぶつからざるをえない(15)」とワツラウィクと彼の同僚たちは主張する。ところで、相互に相手に何かを与えるという関係は、それが親密な関係であるために欠かせない基層のようなものを形づくる。しかし、商品交換を貫いている実利的指向は、この持続的で好感情の関係が働くような十分な基礎を打ち立てるにはほど遠い。反対に、相互的な関係が直接で無媒介であるときでも、各人が交換の中で正確に対応する価値の見返りばかりを気にするときには、持続的で好感情の関係はあやうくなる。

ロバート・フランクが引用している次の二つの研究はこのことを裏づけている(16)。クラークとミルズは「パートナーの好意的な行為に対して直接に同じことをお返しすることは、パートナーの満足を増大させるどころかむしろそれを減少させてしまう」という(Clark et Mills 1979)。他方、ミュルスタン、セレト、マクドナルドは、夫婦間での満足と、「もし週に私が三回食器洗いをするなら、私の配偶者にも週に三回洗ってもらいたい」というような言表に示される「交換指向」との間には、マイナスの相互性関係が存在すると論じる（Murstein, Cerreto et Macdonald 1977）。

ろうそくの光のもとでシャンパンを飲んだあとで誰が食器を洗うのであろうか。最も情熱的な恋愛とても逃れることが難しい翌朝の試練がここにはある。ケベックの社会学者ジャック・ゴブーはカップル関係の中にある相互性関係として可能な三つの態度を説明するために、三つの対話を描いてみせる(17)。最初の対話の中ではそれぞれのパートナーは、受け取っているものよりも多くのものを相手に与えていると考えている。

——食器を洗うのは君だよ。

——そんなはずないわ。食器を洗うのはいつも私よ。昨日だってそうだったでしょ。

——昨日はそうだったかもね。でも、全体としてみればいつも僕が洗っているよ。

——そうだとしても、私だって他のこともしているわよ。

この最初の対話のパートナーたちは一つの逆説的な状態の中にいるが、それはゴブーが「相互の相手への貸し」（「相互のマイナスの借り」）と呼ぶものに他ならない。

第二の対話のパートナーたちは相手に対して借りのある状態から逃れようとする。彼らは意識的に逆戻し可能な状態を実現し、相互に相手に与える役割を交代して行なっている。

——今晩、食器洗いをするのは君の番だと思うけれど。

——そうね、あなたの言う通りよ。

「逆戻し可能状態はどちらかと言えば暗黙裏で生じているから、実際にはほとんど耳にされることのない対話である」とゴブーは言う。第二のケースに見られる何の媒介もない直接の相互性が、パロアルトの心理学者たちによって論じられた「結託」に近づいているのは明らかである。これら心理学者たちは「パートナーたちがその条件を明確な仕方で定式化することがまったくできないでいることが多い暗黙の契約(18)」について彼らなりの仕方で語っている。

第三の対話について言うと、これは最初の対話とは対称をなす状況の場面を示している。ここでは各パートナーは自分が受け取っているものより少ないものしか相手に与えていないと考えている。

——そのままにしておいてくれないか。食器洗いは僕がするから。君は昨日したばかりだし。

——たいしたことじゃないわ。食器洗いをするのはいつもあなたですもの。それにあなたはいつだって他のこともしているのだから。ここは私に任せなさい。

――だめだよ。何おかしなことを言っているのさ。

最初の対話の人物たちと比べると、ここではパートナーたちはより幸福な状態の中にいるが、しかしまた逆説的でもあって、ゴブーはこの状態を「相互の相手からの借り」（「相互のプラスの借り」）と名づけている。ところで、プラスであれマイナスであれ、「相手に対する貸し借り」はどのようにして生じてくるのだろうか。この問題に答えるようと試みる前に、明らかにこれより問題をはらむことの少ないケース、それぞれが相手に対して借りの状態になるのを避けるケースについて考えてみよう。

ゴブーが考察している三つの様態のケースの中で、実際、逆説的であることが最も少なく理解しやすいのは、明らかに相手に与える行為の順番を単純に交代するケースである。相互の相手からの貸しと借りの二つの対極的なケースの間にあって、役割の順番を交代することは中間点とみなされよう。「食器を洗うのは君の番だよ」。「その通りよ」。速やかに与えそしてお返しする規則に対する几帳面な忠実さ、各人がその順番を果たすことへの忠実さ、これほど理に適ったことがあるだろうか。「等価物の交換モデル」の枠内では疑いなく理に適っている。そこではゴブーが観察したように借りは「そこから解放されねばならない何ものか」[19]なのである。しかし贈与交換の枠組の中でとなると理に適っているとは言えなくなる。贈与交換では「借りを作らないようにし、義務を負わないようにすること」

は、してはいけないことなのだ。

「石器時代」の経済学の研究の中でマーシャル・サーリンズは「大部分の原始人たちのもとでは対称的な互酬性が、優越的な形態になっていない」ことを論じている。それは以下の理由からである。「あるものと厳密に価値の等しい他のものとの交換は、同盟という視点から見ると、大きな不利な部分を含んでいる。借りを精算することで、それは契約破棄の可能性を開いてしまうのである」[20]。ところでこれと同じ危険はカップルのもとでのあまりにも厳密な「等価交換指向」のケースの中にも存在する。そこでは帳尻を合わせることしか考えられない。ミュルスタン、セレト、マクドナルドが示した例を取り上げるなら、極限的には私が週に三回食器を洗い、私のパートナーが同じく三回洗ったあとでは、第七日目には、レストランに行くか、離婚するしか選択肢がないことになる。

不条理な解決である。しかし、洗われたコップともう一つの洗われたコップの交換も、経済の視点から見ると不条理である。完全に循環的であるこのような種類の市場は、交換されるものの他に、交換の行為にそれ以上のことがあるのを認めるのでない限り、持続的に長期間にわたり存続することはできないだろう。サーリンズ、モース、レヴィ＝ストロースによって研究された諸社会では、相互性（互酬性）は同盟を結んでいる集団間の関係を維持するのに役立っているのである。人は受け取る（貰う）ために贈るのではなく、交換するために交換するのである。というのは行なわれる交換の行為こそが関係を生きたものにするからである。しかし、「厳密に等価な価値のものとの対称的交換」を厳守しようと常時監視し合っているカップルにおいては、パートナー間のこの「共通の構え」は、関係そのものに害を与える。

契約が壊れる可能性は、事を始めるにあたってこの契約が柔軟さを欠いていればいるほど大きい。一つの関係の枠組と性格のどちらも、すべてをたった一回で決定することはできないし、相互性（互酬性）の諸々の項目もまた変化してゆかざるをえない。一つの関係の基礎にある暗黙の契約の性質を変化させようとしても、それはほとんど不可能である。そのことをパロアルトのセラピストたちがくり返し論じるのは、この柔軟性を欠く協定の基礎の上にあるカップルが、まさしく夫婦セラピーを受けることになるリスクの最も大きいカップルだからである。そしてカップル関係がこのようであるとしたら、アメリカのカップルたちが生き残る可能性はどのようなものであろうか。彼ら二人を結びつける協定は「諸条件を明瞭に定式化できない」どころか、弁護士の援助を得てこれらの各項目を詳細に定めようと考慮するのである。

実際、アメリカ合衆国での結婚はしだいに結婚契約書という法的効力を持つ文書に従って準備されるものとなり、それら文書は、それぞれの配偶者が法律上相手に期待するものや、それぞれの相手に与えたり行なったりすることを、詳細な点に至るまで定めるものとなっている。そのそもそもの始まりは離婚時の財産の分割を予想して考えられたものであったのだが、これらの契約はのちになると結婚期間中の責任の分割を定めるものとなり、まさしく食器洗いやパートナーをレストランに連れて行くことまで含むものとなっていて、子どもの教育や飼い犬の鳴き声をやめさせる仕事の分担は言うまでもない、というものになるのである。男性もまた、婚約者が契約を履行しなかったときには罰金を払うという契約書を女性に求めることになる。(21)

このように細かい項目に至るまで取り決めることは、相互に対して与えるというよき相互性から、相手がサボればそれと同等な害を与えるという悪しき相互性へと移行することを示している。この移行はカップルの関係を商品交換タイプの厳密な契約に還元しようと試みる場合には、避けがたいものとなる。いずれにしても結婚の時点で釘付けされた形式のもとに定められている要求事項を、永続的にパートナーたちが満たすことに成功すると期待するのはほとんど不可能であろう。そしてこのような契約のパースペクティブの中では、決められた事項のどんな変更もパートナーに損害を与える契約違反として解釈されることになるだろう。一言で言えば侵害である。ところでそれぞれの侵害は、先の会話によって示されたメカニズムに従って、終わりのない口論のサイクルを開始させることになる。


——食器を洗うのは君の番だよ。

——違うわ。あなたは昨晩だって食器洗いするのを忘れていたでしょ。

——昨晩はそうかもしれない。でもいつも君は食器洗いを私に押しつけているよ。

——もちろんよ。だってあなたは他のことだってほとんどしないのだから。少なくとも食器洗いくらいするべきよ。

ここに「相互の相手への貸し」の論理を認めることができる。パートナーたちは自分が受け取るものより多くのものを相手に与えていると思う。実のところ、最初の対話の形では隠されていた相手への非難をもっとはっきりさせるように、わずかだけ修正して上では示してある。いつも食器洗いをしているのは私よ、ということは、いつも食器洗いをしているのはあなたではない、ということである。もし各人が「いつも私がやっている」と言うのなら、各人は相手に向かって自分より少なくしか贈与しないと非難していることになる。そしてそれぞれがこういうやり方で相手によって自分の権利が侵害されていると考えるなら、各人は、今後は自分がより少なくしか贈与しないとしてもそれは弁護されると感じるであろう。これは過去に自分が被った損害を埋め合わせる唯一のやり方である。しかし、もし「私」があなたにより少なくしか与えないことであなたに教訓を与えようと決心するなら、「私」は、より少ししか与えないのは私の方というあなたの考えを肯定することになり、そのことは相手をして同じことを行なわせることになる。

ここで次のことがわかる。相互の相手への貸しの状態にいることは、一つの悪循環の中に引き込まれていることである。この悪循環はよく見られるものである。というのは、これは復讐のサイクルそのものと関係しているからである。相手への相互の貸しがいかにして生じてくるかを問うことは、復讐がどのようにして生じてくるのか問うのと同じことである。復讐においてもまた各人はいつでも自分に損害を与えたのは相手だと考える。相互の相手への貸しの状態はそれゆえ復讐と同じほど背理的である。与えてくれなかった者には与えるな、という合い言葉によって規制されている状態である。各パートナーが相手から受け取っているものより多くを自分が相手に与えていると考えるとき、彼は警戒を怠らなくなるだろう。ささやかな無視を侮辱と解釈する。食器洗いをしなかったことは最高の侮辱となる。カップルはその代価を払わなければならない。だが食器を洗わなかった方は、相手も食器を洗わなかったからそうしたのではなかったか。各人が後方だけしか見ないのに応じて、つまり相手が行なったこと、あるいは行なわなかったことしか見ないのに応じて、相互の相手への貸しは終わることがない。

そこから脱出するためにはある時点で、たとえば続けて二回食器洗いをするというような、各人が自己犠牲を払う用意を持つことが必要である。そしてそのことは他者との関係の未来に信頼を置くことである。(22) モースが言っているように「完全に相手を信頼することが必要」なのであり、中間の解決は交代制の原則を厳密に維持することであろうが、これまで見てきたように、これは不安定な解決なのである。相互の相手からの借りの状態に移行することで、すなわち「時間の中で交代制の原則から抜け出すことで、(23) 贈与者たちは時間がもはや作用しない状態として性格づけることができる別の原則に入れるのである」とゴブーは言う。正確には、時間が別の仕方で作用するとでも言えるような原則に入ることである。

相互の相手からの借りへの移行は「一種の跳躍、一方向に進むだけの時間を超えること」[24]を必要とするとゴブーは言う。ところで一方向に進むだけの時間を超えるこの跳躍はある一つの賭けを含んでいる。循環性への賭けである。贈与についての考え方を問われた人たちがゴブーに答えているように、「それは回転する車輪である」。この回転するもののイメージは「人は最大限可能なものを他の人に贈る。そしてある日必要になったとき、今度はその人が他の人から貰う」[25]ということを意味しているとゴブーは言う。相互の相手からの借りにおいては、もし今日与えるなら明日に受け取ることになる。相互の相手への貸しでは、昨日与えなかったから、今日貰うことなどない、ということである。こうして相互の相手への貸しと相手からの借りとの間には時間方向の逆転と、循環性の保存が存在しているのである。

親、子どもたち、サンタクロース

しかし相互の相手からの借りの可能性そのものを理解することがまだ残っている。それぞれのパートナーが、自分が受け取るものより自分が与えるものの方が少ないと考えることは、どのようにして生じるのだろうか。ゴブー論文への書評の中でアラン・カイエはこの問題に対するいくつもの回答を示しているが、その中で二つのことが特に私たちの関心を引く。その一つはカイエが「厳密に経済学的な視点から見ても、協力状態は非協力状態よりもはるかにすぐれている」と観察していることである。二人が協調的に生活している場合にはかなりの規模の経済の利点を享受でき、自分が与えているものを超える利益として引き出す。「社会的分業は、個人たちがそれぞれ個人の労働としてもたらすものを超えて、諸々の富を幾倍にも増大させることになる」(26)、カイエはそう言う。

カイエのこの観察は、マオリ人たちがハウに宿っていると信じている生と死の力についてジョナサン・パリーが説明した仕方を思い出させる〔本書五七－五八頁〕。贈与を循環させることでハウは「成長と生産性の明らかかに魔術的な源泉」を保証するのだが、その理由は「贈与は通常、剰余の価値を引き寄せ、贈与を循環させることで価値を増大させる」からである。ドミニク・カサジュスが贈与の流れと呼んでいるものをマオリの人々が中断させないように用心し、ハウがよそに行ってしまわないようにするのは〔本書五三頁〕、この理由からなのである。贈与の行き来であるこの「流れ」はそれぞれのパートナー個人の行為を超えているのである。ところでカイエはこれと同時にもう一つのこと、「ばらばらな個人という存在を超えるダイナミクス、人間の集合存在を超えることさえあるダイナミクス」(27)、すなわち生と贈与の流れのダイナミクスについて、語る。

アラン・カイエにとっては「贈与行為」の運動は経済の豊かさの源泉であるだけでなく、生命そのものと同一視される。人が贈与の流れを支えるとき、人は象徴的に生命を模倣し、実際、生命そのものになる。そしてもし相互の相手からの借りの状態の中で、それぞれの贈与する人が自分が与えるよりも多くを受け取っていると感じるなら、ありうるすべての贈与とお返しとの関係から「生命と贈与は無限である」ことになる。それゆえ一部のカップルにおいては「パートナーたちは互いに母親になり父親になったことに感謝し合う。そして二人を親にしてくれた子どもに感謝する。二人は彼らが生命の流れの中に位置しているのを認識している」[28]とカイエは言っている。

このカイエの挙げている例は第三の人物の重要性を新たな仕方で示している。それは二人の人物からなる関係は、第三の人物に媒介される三者関係であるのを示しているのだ。もしある男性が子どもの父親であるなら、それはある女性のおかげである。もしある女性が子どもの母親であるなら、それはある男性のおかげである。さらに、男性と女性が一緒になって親であるとするなら、それは子どものおかげである。カップルのアイデンティティが、協力する二人の親の役割に基礎を置く程度に応じて、子どもは第三の人物となり、その存在がカップルを単純な、「私と一緒にこれこれするなら、私もあなたと一緒にあれこれしてあげる」という市場タイプの関係に引き戻させないようにしているのである。しかしながら人は子どもの内にのみカップル関係の第三の媒介者を認めることはできないだろう。子どものいないカップルが存在するのはもちろん、子どもがいるカップルでさえ、もし親が子どもの肩の上だけにカップル関係をのせるなら、親カップルは子どもが担うには重すぎる荷物となるだろう。

他方でアラン・カイエは「親たちはいつまでも子どもに贈り物を贈り続けていたいと思う。そして一般的には、子どもから贈り物をもらうつもりはない」(29)と正しく観察している。しかしいつかある日、彼ら自身の子孫たちを通じて「生と贈与の流れ」の中に合流するのを期待しているとするなら、この一方向的な好意に、子どもたちは何をもたらしてくれるのだろうか。神聖なものが消え失せた現代社会の枠組の中で、新たな魔術的媒介者が出現しているのを確認するのはとても興味深い。それは幼い子どもたちにクリスマスの贈り物をする機会に見られることである。ジャン＝ピエール・クラインが注目しているように、「クリスマスのサンタクロースの慣習は、人から人への贈与が親たちによる子どもへの独占欲の強さを思わせがちになることから距離を取らせるために、ある神話的人物を指名するのであり、同時に、そのような次元の贈り物は、まさにマナであり、超自然の贈り物であり、生命の贈り物である原初の贈り物を想起させるのである(30)」。

サンタクロースという人物がフランスの幼い子どもたちに影響力を打ち立てるのは、経済活動が再開されアメリカの文化モデルの影響下にあった第二次世界大戦が終わってまだ数年しか経っていない時期のことである。白いひげをはやし赤い服をまとった人物たちがデパートの中で子どもたちを迎えるが、他方カトリックなどの教会はこれにより聖誕祭がしだいに「異教化」することを非難していた。この時期に書かれたある論文の中でクロード・レヴィ＝ストロースは彼なりに「サンタクロースが子どもたちに気に入られる理由だけでなく、大人たちにサンタクロースを発明させるに至った理由をも」[31]見い出そうと努めている。幼児たちが亡くなった人の生まれ変わりに擬せられる一連の伝統的な祝祭を検討したあとで、この人類学者は予想もされないような結論に達する。「子どもたちのおもちゃがこの世でないところからやってくるのだと私たちが子どもに信じ込ませているのは、実は子どもたちに贈り物をするという口実のもとで、贈り物をこの世でないところに捧げさせようとしている私たちの深部にある衝動にアリバイをもたらすためである。このやり方でクリスマスの贈り物は、この世で生きることの甘美さに対する真の供犠となっているのであり、生きることの甘美さは死なないことから成り立っている」[32]。

したがってレヴィ＝ストロースによると、本当の第三者はサンタクロースではなく子どもたち自身であり、子どもたちはサンタクロースからの贈り物を受け取りつつ、親とこの世でないところとの間に、間接的な関係を打ち立てるのである。しかし、この場合のこの世でないところの意味をさらに詳細に突き止めなければならない。超え出ることが問題なのは単に死だけではない。というのは、レヴィ＝ストロースの言うように死は疲弊すること、生気をなくすこと、欠乏状態になることなどとしても示されるし、さらにまた利害打算しか考慮しない交換の貧しさと不毛さであることも疑いないからだ。クリスマスの贈り物という形を取ることで、それに対して人が供犠を捧げる生きることの甘美さは、より特別には贈り物をすることの甘美さである。サンタクロースがまさに体現しているのは、利害打算のない自然な贈与である。「私たちがサンタクロースを持つことで手に入れる優しい配慮」について問うのは、そして「その魅力を持ち続けるために私たちが同意するこの供犠」について問うのは、「つまるところ、いつでも信じるということの欲望が、私たちに対して、それが希なことであるとしても、束縛されることのない好意、下心のない優しさを求めさせているからではないのか」[33]、レヴィ＝ストロースはそう言う。

子どもの背中の向こうにあるクリスマス・ツリーの下にプレゼントを置くことで、そしてその贈り主をメタレベルに位置するサンタクロースという超自然の存在とすることで、親たちは自分たちの好意が何にも縛られない自発的なものであることを示す。そしてサンタクロースの慣習が商品経済の台頭とともに盛んになったとするなら、その理由はクリスマス商戦が毎年、消費に対して決定的なインパクトを与えるだけではなく、先に論じた肉屋とパン屋の取引では排除されてしまった何ら利害計算のない好意に、一つの避難所を与えてくれるからでもあるのだ。

しかし話の初めのところで、カップル関係の中ではそのような避難所はどこにあるかと私たちが問題を立てていたことを忘れないようにしよう。子どもとサンタクロースは、贈与の中にいる第三の媒介者という私たちの図式を再確認させてくれるが、私たちの初めの問いには答えてくれない。

二人の人物だけの間での相互性のつながりは二人を一緒の状態につなぎとめるために十分であったかと問う中で、私たちが現代のカップルのテーマに到達したことを思い返そう。私たちがこのシナリオに一人の子どもをつけ加えるなら、肉と骨を持ったこの第三の人物（子ども）はカップルの生活の中で基本的な役割を果たすであろうが、この第三の人物は何の奇跡も生じさせることはできないだろう。子どもの到来がカップルの不幸な関係を救うであろうと信じることは、サンタクロースを信じるのとちょうど同じなのである。この章の結論を出す前に、可能な限り厳密なやり方でその問題を定義し、二者関係の問題に再び立ち戻る必要がある。一人の男性と一人の女性だけを取り上げることにしよう。もちろん、二人の男性あるいは二人の女性を取り上げることも可能であろうが、性別の組み合せはここでは問題ではない。ここで見ていくのは、贈与を基礎とするカップルが宗教婚により与えられる超越的な媒介者の支援なしに、また何らかの商品交換のバージョンも基礎とすることなしに、カップル関係を論理的に構成することは可能かどうか、ということである。

第三の人物の場所

贈り物とお返しが効果を相殺してしまうのをいかにして避けるべきであろうか。新たな贈与として受け取られるどころか、お返しをすることが負債の単なる精算と映ってしまうことをいかにして避けるべきであろうか。お返しされる贈り物の問題が次の最終章での出発点となる。しかし、お返しされない贈り物も同じように問題を生じさせる。一方向の好意は独占欲の攻撃的性格を帯びるし、受取人を耐えがたい従属の立場に追いやる。特に子どもでなく大人の場合、そうである。実際のところ問題の源泉には、いつでも相互性の要求がある。この要求が満たされないとき、相互性は好意の下心のなさ（自然さ）の上に影を落とさないわけではない。お返しなしに与えることが、本物の贈り物と受け取られるどころか、支払い不要な借りの押しつけと映ってしまうことを、どのようにして避けるべきであろうか。

子どもの誕生とともに妻が仕事から離れるとして、この女性が夫から受け取らねばならないお金を例に取ってみよう。この場合、子どもの誕生は女性自身を、自分の必要を満たすために他者の財布からの支払いを当てにせざるをえない子どもと似た立場に置くことで、カップルの中での相互的関係を転覆させることになるだろう。子どもを新たにもうけた妻たちは「配偶者への金銭的依存の期間を居心地の悪い、難しい形で過ごすことになろう。というのは、妻たちは一時的であるとしても、夫婦という生活への参加において無能力の状態に置かれるからである」と、ゴブーとジョアンヌ・シャルボノは注意を向けている。「彼女たちは以前と同じようにお返しする能力をなくし一方的に受け取る立場になる」(34)。

ここで同じ対等な関係（dans les même termes）で、という表現を強調しておくのがよいだろう。母親たちは自分たちの持ち分・役割を果たし続ける。しかし、前とは違ったやり方においてである。幼い子どもの面倒を見ることは、不可欠なサービス・仕事を果たすことである。この基本的な真実は、商品関係の領域の外にあるものに対して価値を認めることを知らないアングロ・サクソン諸国のネオリベラリスト（新自由主義者）たちが貧困家庭の母親たちを「仕事」に連れ戻そうと諸々の手当を削減しつつある現在においては、想起されてよいことだ。家庭における妻の活動が経済的価値としてカウントされていないことは、彼女たちが失業していることを意味するのではない。しかし、夫が労働市場に参加しているただ一人の存在であるなら、夫婦のために支出すべきは夫の方であるし、夜中に夫のズボンのポケットを探ることはしないまでも、些細な買い物のための小銭をねだる必要が生じかねないのは妻の方である。

一九〇五年にニューヨーク州バッファローで、ジョゼフ・シュルツなる人物が妻に対する訴訟を起こした。発端は、小銭を入れてある自分のズボンのポケットが毎晩妻によって探られているのに苛立って、夫がポケットの中にねずみ取りを入れたことにあった。この事件では裁判所は夫の言い分を認めた[35]。今日では夫たちはもっと啓蒙されていると考えてよいと思われるが、配偶者に金銭的に依存する妻の状況は、依然として微妙である。もし夫がジョゼフ・シュルツよりけちでないなら、妻は夫に隠れて隠し場所にお金を探す必要はないだろう。それでも、いつでも肉屋やパン屋に行く前に、夫に話さなければならないなら気が重いということは残る。ゴブーとシャルボノの研究の中で引用されている二人の女性、アンヌとルイーズのケースがそれである。アンヌは、子どもを産んだあとでこまごましたものを買うのに二〇ドル必要となるたびに、「恵みを求めているつもりではないのよ」と夫に言った。それで夫は前もってアンヌに小切手を渡すことになった。いまではこのように「すべての支払いがなされるのです」とアンヌは説明する。お金が不足するとすぐ、彼女は夫に小切手を要求する。「この方が「いちいち要求する」より面倒でないでしょ」(36)。

小切手による解決は実際的で非常に単純である。しかし、それは問題を縮小するだけで、最終的に解決しているわけではない。もし小切手の金額が十分に大きいなら、アンヌはかなりの量の工業製品を買い求めることができるだろう。しかし、遅かれ早かれ彼女は夫に対して次の小切手を求めることを余儀なくされるだろう。

この視点から見ると、ルイーズとその夫は、二人がこれと同じ困難に出会ったとき、より効果的で巧みなやり方を見つけ出したように見える。そもそもの始まりは八百屋に行くのにお金を夫に求めなければならなかったから、と彼女は振り返っている。お金を求めるのはルイーズにとっては「とても嫌なことであった」。そこで彼らはあるシステムを考え出した。このシステムでは夫はガラスのコップの中にお金を入れておく。これによってルイーズはお金を渡すよう夫に求める必要がなくなったのである(37)。

ガラスのコップによる解決法は、ルイーズが夫に対して直接にお金をくれるように言わなくてもよいようにしてくれる。夫が後ろを向いているとき、彼女は小銭を探ることもできよう。夫が無防備にズボンのポケットに小銭を入れているときをうかがう必要はない。つまりこれは、いわばルイーズの夫が夜の間、自分の財布を煙突の中に吊しておくようなものであった。たしかにルイーズは白いひげの人物によってお金がガラスのコップに入れられたとは想像しない。彼女の夫がこのような譬え話に応じるとしての話だが。同じようにガラスのコップが空になったとき、ルイーズが使えるお金がないのを具合よく夫も知る。要するに二人のうちのどちらも騙されないのである。こうしてガラスのコップを迂回することは、もめごとを回避させることになる。お金をガラスのコップに入れること、コップから取り出すこと、ここには完全な循環的な取引がある。この物語の中でのガラスのコップは何を意味しているだろうか。

この問題に答える前に、フィリップ・カイエが行なっている夫婦セラピーの場面を観察するために、少しの間ルイーズと彼女の夫から離れることにしよう。フィリップ・カイエはクライアントである夫婦と会うときに、夫婦の前に花瓶を一つ置く。あるいは版画の額、より示唆的な仕方としては誰も座っていない椅子を一脚置く。「第三の人物の椅子」である。夫婦二人とも、セラピストに尋ねられた質問に対して二回答える。一回は自分自身に対してであり、もう一回は花瓶、版画、誰も座っていない椅子などがその存在をシンボル化しているこの第三の人物に対してである。そしてここに存在する第三の人物は、夫婦二人とは別の登場者であるが、夫婦二人がつくっているところの関係そのものに他ならない。カイエが夫婦の「絶対者」と呼んでいるものである。ふつうはこの主要なアクターである二人の関係は「待合室にほったらかし」にされ顧みられない。そしてセラピストは相互に非難し合う二人のクライアントの前にいる判事の立場になりがちである。この袋小路、行き詰まりから抜け出

るためには、夫婦の関心を、二人の関係そのものに移させる必要がある。(38)

椅子に座っている目に見えない第三の人物という存在は、本当にとても強力な存在なのである。夫婦を構成する二人の個人によってつくり出された関係であるにしても、この関係は二人の個人に還元することはできない。というのはこの関係は、二人の個人それぞれを超える仕方で二人の行動を条件づけるからである。彼ら二人の相互的な行為によって、二人のそれぞれが何よりもそこから逃れたがっている悪循環を存続させてしまっているのを、他にどのように説明すべきであろうか。夫婦をなす二人にとっては、この関係が二人に外在して存在するのを認識することによってのみ、すなわちこの関係が二人から自立しているのを認めることによってのみ、この関係を変形する力を働かせることができる。二人の関係という「絶対者」の視点から自分たちを表現するよう求めることは、この悪循環から抜け出るために、この関係から上方へ、メタレベルに抜け出してそこに自分たちを位置させるよう誘導することである。

もちろんこのメタレベルの存在は険悪な状態にある夫婦に限られるものではない。どんな関係においてもこのメタレベルを受け入れることが幸福な関係を取り戻すカギになる、という仮説を立てることもできるだろう。二人の関係という「絶対者」なしには二人のパートナーは「相互に疎遠な人間のままだろう」(39)とフィリップ・カイエは言う。カイエの言う絶対者は、夫婦においてクラウディア・モリの神さまと同じ役割を果たしているのである。私が先に挙げたこのイタリア女優の言葉を用いて再定式化するならば、二人が一つの夫婦であるためには、三者でいることが必要である。パートナー間にこの絶対者が存在しないならば、人は独りぼっちでいるしかない。しかしこの絶対者は大文字で書かれる神さまのような存在ではない。二人の個人によりつくられるが二人を自己超越している一つのレベルであり、このレベルは夫婦の行動とアイデンティティにとって決定的なものである。

さて、ルイーズの夫がルイーズのためにお金を入れておくガラスのコップの問題に戻るとしよう。夫婦セラピーの診察室の花瓶あるいは椅子と同じように、このコップは第三者の場所をなしている。ルイーズとその夫との間で二人の個人を超えるところに連れてゆくのはこれである。コップの中にお金を入れることで、夫は単にルイーズに直接お金を渡さないで済むだけでなく、コップは二人を超えた場所に導くのである。そしてルイーズの手元にお金がなくなるとき、再び要求するのはルイーズではない。空っぽであることを示し、この二人を超える関係の名において新たな贈与を求めるのは、このガラスのコップなのである。それゆえガラスのコップを迂回することは根拠のないことではない。個人たちのレベルでの贈与の下心のなさ（無動機性）を保証するメタレベルへの移行を、このガラスのコップが生じさせるのである。このやり方でルイーズは夫に対する従属を感じる必要はなくなる。ルイーズは夫と同様に、彼らを結びつけている一つの関係に従属するのである。

二人の個人それぞれを超えるこの関係以上によく二人を結びつけるものはあるだろうか。二人のそれぞれはこの関係から、個人としては決して贈ることができないものを受け取るのを知っている。まさしくこの理由から二人はそれぞれに、あれこれの特別の時点で贈与する用意があるのである。「上からのせいで、男の子と別れることなんかないわ[40]」、ゴブーのインフォーマントの一人はふざけて説明している。しかし、それほど明白な形で第三の人物を探す必要はない。人は決してお互いを結びつけている関係から離れることはない。この関係は外部化されるとすぐに媒介者として役に立つことができるが、そのことは外部にあるモノの形でこの関係が物象化されることを必ずしも意味しない。そうではなく、むしろこの関係は固有の自律的なダイナミックスの中で、あるいはその「循環性」により決定されたダイナミックスの中で、動き出す。

「夫婦の絶対者であるこの奇妙なもの」の本性をもっと詳しく知ろうとしてフィリップ・カイエはそれが「夫婦の外で作用している」だけではなく、「夫婦自身に対しても作用する[41]」ことを観察している。ところでアラン・カイエは、相互の相手に対する貸し借りと同じほど奇妙であるこの関係を彼なりに観察しつつ、「それ自身でしだいに速く回転するせいで、贈与のサイクル・円環はついに空中に舞い上がることになる[42]」と言う。事実、パートナーたちが正確な見返りなど気にかけることなく贈与するとき、そして彼らを超える何ものかを信頼するのと同じようにこの関係を信頼するとき、贈与と関係は一緒に離陸し、好循環をつくり出し、贈与をあらゆる悪循環から守ることになる。というのは、もしそれぞれの人が他方の人から見返りを受け取るよりも、関係を維持するために贈与をするなら、そしてもしそれぞれの人がお返しとして期待しているものが何らかの関係であるなら、あたかもそこで与えられるものは、個人たちのレベルでは下心なしに提供されているものであり、装われた偽りの自然さなど存在しないものだからである。好意と相互性との間にある二重のつながりはメタレベルの存在を認めるときに明らかになる。それは共謀の場合と同じように暗黙のものであることもあろう。共謀が第三の人物の損害を共有する二人の人物の間の秘密の同盟として定義されるとしたら、ここでのものは第三のもの（つまり関係）の利益を共有するひそかな同盟が関係しているのである。

「賢者の贈り物」

この章を、二〇世紀初めのアメリカの人気作家O・ヘンリーによって描かれた夫婦における贈与交換のケースを考えることで、終えることにしよう。有名な小品「賢者の贈り物」(43)である。よく知られた一ドル八七セントという金額で物語は始まる。パン屋や八百屋で買い物する中で一年間かけてこまごまと節約して、ようやく貯まったのがこの金額である。買い物の際のこのささやかな節約には、実はあるひそかな望みが隠されている。夫のジムへのクリスマス・プレゼントとして、「何か気が利いていて、めったになくて、正真正銘の本物と言えるもの、――ジムの持ち物になる栄誉を担うに足りるような、それが無理でも、せめてそれに近いもの」を買うという望みである。だが、すでにクリスマス前夜になっている。妻デラの貯めた金額はそのためにはまったく不十分である。目に涙を溜めて、彼女は自分が持っている唯一の宝物を売ろうと決心する。ひざまで届く長い金色の髪である。こうして手に入れた二〇ドルのお金でジムが大切にしている金の腕時計にとても似合うプラチナの鎖を買う。家に帰るとデラは短くカールした髪を整え、少ししか残っていない髪をたばね、夫が帰ってくるのを待つ。

ジムが帰ってきたとき、彼は妻のおかしな髪型にびっくりする。「そんな眼で見ないで。髪を切って売っちゃったの」とデラは叫ぶような声で言った。そして夫へのプレゼントを買うために髪を売ったことを説明する。「髪の毛なんて、すぐにまた伸びるわ。だから気にしないで」「私がそうしようって決めたことなんだし」と彼女はつけ加える。ジムは、自分の驚きを説明することになる包みをすり切れたオーバーのポケットから取り出すより前に、デラを抱きしめる。その包みには宝石の飾りの付いた鼈甲の櫛が入っていて、それは失われたデラの髪にはぴったりのものなのだ。デラが長い間夢見ていた櫛、だがいまのデラの髪では身につけることはできない櫛。デラは、ジムのために買い、ジムがまた見てはいない贈り物のことを思い浮かべて自分を慰める。「デラ、僕たちのクリスマスの贈り物は片づけて、しばらくそのまましまっとこう。いまの僕たちには上等すぎる。あの時計は売っちゃったんだ。君の櫛を買うのに金が必要だったから」。

この物語の中にある最も奇妙な循環は、二つの贈り物を結びつける循環であるのは明かである。時計のための鎖。これは髪を売ったおかげで買えたものである。他方の髪のための櫛は、時計を売ってそのお金で買ったものである。この背理的な交換の中では、贈り物とお返しは互いにその意味を台無しにしてしまう。文字通り、バターもバターのためのお金も残さないのである〔フランス語の定型表現「バターもバター購入のお金も欲しがる」（代価なしにすべてを得ようとする、の意）を逆にしたもの〕。経済的な効用の視点から見るならば、どちらも損をしている。どちらも受け取る以上のものを相手に与えている。それではジムとデラは、相互の相手への貸しの状態の中にいて取引の終わった時点にいるのであろうか。

すでに論じたように、相互の相手への貸しの論理は復讐の論理と同じである。実際、物品のレベルでは、直接の結果はジムがデラの髪を切り、デラが仕返しにジムの時計を踏み砕いたのと同一である。しかし、場面はそのような仕返しとしては決して展開していない。この場面においてまったく違っているのは、つまり経済学的ないし構造主義的な分析から完全に逃れ、捉えることができないのは、時間方向の逆転である。デラは前もって自分の髪を犠牲にすることを決心している。ジムが前もって自分の時計をあきらめているのと同じである。それぞれは他方の潜在的な望みを察知している。たとえそれぞれの察知が途方もない苦痛をもたらすような仕方で交錯するとしても。

要するにジムの贈り物とデラの贈り物との間でねじれている論理レベルの上下関係は、いわゆる復讐よりも、私がすでに語った「ブリクリウの供宴」で示されている逆説的な取引を思い出させるものである。そこでは、それによって人が復讐からプラスの交換へと移行する相互による自己犠牲を想起させる。この世のものではない巨人ウアトによってウルスターの戦士たちに投げかけられた途方もない挑戦のことを読者は覚えているだろう。「今日、私の首を切り落とし、その者の首を明日私が切り落とすとしてこの申し出を受け入れる者は誰かいないか」〔本書二〇頁〕。他所者の巨人は、自分の挑戦を引き受け、約束を守る一人の男を探している。つまり、前もって自分の首を差し出すとはっきり表明する信頼に足る男を、である。さて、人が想像するように、この挑戦の前半部分に対しては、呼応する戦士たちを見い出すことは困難ではないが、首を切り落とされても魔法により巨人が生き続けているのを見たあとでは、どの戦士も巨人が自分との約束を果たしに戻ってくる前に隠れてしまう。しかし、ただ一人クフーリンという男がこの生死の運命のかかっている巨人との再会の場に姿を現す勇気を持っていた。巨人が天井まで振りかざした斧は、巨大な音響とともにこの男の首のそばに落ちてくる。(44) クフーリンの首は落とされなかったのだ。というのは、この世のものではない巨人の姿を取ってウルスターの戦士たちを試練にかけにやってきたのは実は賢者クロイであったからであり、彼はここで、ウルスターの一番の勇者はクフーリンであるのを宣言するのである。(45)

このアイルランドの物語は他の物語と同じように信頼についての教訓をなしている。巨人という他所者の姿を装った賢者の信頼を裏切らないために、クフーリンは全面的に自分を相手に委ねる。しかし、相互性関係はここでも保たれている。クフーリンの生命が賢者の手中にあるとき、賢者はクフーリンに借りを返えさせることを放棄するという代価を支払うことになるけれど、賢者もまたクフーリンの信頼を裏切らない。ここでジムとデラの物語に戻ることにしよう。賢者の位置にいるのは誰で、クフーリンの位置にいるのは誰になるだろうか、そう問うこともできるだろう。

第一の答えは、次のようである。ジムとデラの取った行動が同時になされるものであるという理由から、ジムとデラの双方が賢者の位置を占めているというものである。この二人の賢者は、次にクフーリンが行なうであろうことを知るよりも前に自分の首を切らせた。つまり、デラはお返しとしてジムが何を贈るつもりであるか知るよりも前に自分の長い金髪の髪を切らせるし、ジムも贈り物としてデラが何を用意するつもりか知るよりも前に、デラの行為と同時に、ジムがいちばん大切にしているものを手放すのである。もし彼らの関心が「お返しに何を受け取るか」であったなら、二人とも具合の悪い計算をしたことになる。相互の貸し借りは、ジムもデラもお返しとしては役に立つものを受け取ることがないのに多くのものを与えたのであるから、明らかにマイナスになっている。[46] けれども、ジムもデラもこのような功利的な計算の適切さを否定している。髪が伸びて元のようになる日数は計算できるとしても、彼女の愛はいかなる計算も超えている。ジムはといえば、彼らの贈り物は「使用するにはすばらしすぎる」のである。

二人の贈り物が相互に何の役にも立たないことは、言葉のよき意味において、彼らの行為の「無償性」を強調している。二人がそれぞれにお返しの贈り物として何を受け取るかなど考えることなく、自発的に贈り物をしたのに対応して、そこでは相手への貸しが生じることはない。反対に、もし二人がそれぞれ相手からやってくる贈り物の価値を気にかけるなら、相手への貸しは大きなものになるだろう。実際、二人は相手から被った損害を埋め合わせることのできない状態にいるので、そこにある本当の危険は、引き受けるにはあまりにも重い借り、脅威と思われるほど大きな借りをつくってしまったことにある。言い換えると、そしてこれが第二の答えでもあるのだが、もしジムとデラが賢者の位置にいると見るなら、この大きな借りにより二人はクフーリンの立場にいることになるのである。クフーリンが自分の生命を賢者に委ねたように、ジムとデラも全面的に相手を信じるに違いない。

ゴブーとシャルボノは、まさに相互の相手からの借りの状況は「行為者たちがある仕方で他方に自分を委ねることを受け入れるときにのみ出現する」という。このことは「行為者間での信頼の関係」を求めるのである。[47] ここで問題となっているのは、相手がお返しをくれることが確かかどうかわからない状態で、贈り物するときに必要となる信頼ではない。自分がお返しできるかどうか確信を持てないけれど、相手が与えるものを受け取るというときに必要となる、それよりもっと大きな信頼なのである。この場合、お返し不可能なものを求めるなど、相手がその立場を悪用しないであろうということの信頼が必要となる。

お返しの要求を好意や気前よさから引き離すことはできるだろうか。最終的な分析としては、ここでジムとデラが直面している問題は、ルイーズとその夫が先に見た巧みなやり方で解決した問題と同じである。ルイーズは夫にお金を求めることを恐れるので、夫は彼女に直接お金を手渡さないで済むように考え、私が「第三の人物の場所」と呼んでおいたコップの中にそれを入れるのである。さて、ジムがデラに「僕たちのクリスマスの贈り物は片づけて、しばらくそのまましまっとこう」と言うとき、ジムは同じタイプの解決策を提案しているのではないだろうか。贈り物を脇に置くこと、それを離れたところで保管すること、これは二人の関係を超えたある場所の中にそれらを預ける視点からうまくこの問題を解決しているのである。それは私が新たに名づけることができる不可視の場所、第三の人物という場所である。

しかし第三の人物という目に見えない存在を私たちにもっとよく感じさせてくれるものは、この物語の表題に示され、テクストの最後のパラグラフの中で詳述されている「賢者」の比喩であり、このくだりは先に引用したジムの台詞のすぐあとに出てくる。「すぐれて賢い」人々が「クリスマス・プレゼントという慣行」を発明し、その贈り物もまた「明らかに賢明である」のに対して、ジムとデラの場合は「彼らが家の中で最も大切にしている宝物を相互に犠牲にするという仕方で、少しも賢明でなかった」。しかし、O・ヘンリーは「贈り物をするすべての人々のうちで、この二人が最も賢明であった。賢者とは彼らのことだったのである」と結論している。

ジムとデラの間での交換は、贈られたものと受け取られたものとの効用ということでは少しも賢明ではない。誰も得をしていない。しかしこの交換の中には交換されたもの以上のものがある。

実際、二人のそれぞれが相手のために自分の持っている最も大切なものを犠牲にする用意があるという関係にコミットしていることで、それぞれは得るものを得ている。ここで得られた関係がもっと大きな宝物である。しかし、それはその関係を生み出す際に相互に与え合ったクリスマス・プレゼントとの関係でいうと、それら給付とは異なるレベルにある宝物である。ジムとデラの贈与において重なり合っているヒエラルヒー、すなわち二人の間の循環は、直接的な仕方で結びつけられ閉じられるのではなく、グローバルな関係のレベルを通して閉じられるのである。

このメタレベルの存在のみが、このカップルとクリスマスの賢者との同一視を可能にしているだろう。なぜなら、クリスマスの賢者たち（東方の博士たち〔新約聖書の福音書でイエスの生誕時に贈り物をしにやってきたと書かれている〕）は自分たちの間で贈り物を交換したのではなく、彼らにとって崇高なものを体現しているあの「みどり児」を媒介することで、この世を超えたものへ贈り物をしているからである。同じように「コントロールなどできない好意、裏心などない優しさ」を通じて、ジムとデラは、彼らを超えるあるものの中で、信頼を表明したのである。上から与えられた超越においてではなく、彼らが体験している関係の自己超越の中で、完全に循環的な仕方で、その関係への彼ら自身の信頼によって、そうしている。

ジムとデラの物語は、結婚したばかりのアトルとウィルの若いカップルの物語を想起させずにはおれない。このもう一つの物語は「未来の囚人のジレンマ」と呼ぶこともできるだろう。ウィルはテキサス州オースチンのファースト・ナショナル銀行の窓口係をしていて毎月一〇〇ドルの給料を貰っている。妻のアトルと幼い娘を養うには十分な金額である。しかし、ウィルは余暇にやっている風刺週刊誌（この週刊誌は『ザ・ローリング・ストーン』）がつくってしまった借金を返すためには十分ではない。だが、ウィルの手から借金返済の大金が払われることになる！　ある日、支配人は帳簿の中で五〇〇〇ドルの穴があいているのを見つける。

じっとしていたら、捕まってしまう。ウィルはホンジュラスに向かう汽船に乗ろうとしてニューオリンズ港に行く。ホンジュラスに行けば安全に暮らせるだろう。遅かれ早かれ、その土地で家族と合流できるだろうと彼は考える。しかし、ある日、彼は悲しい知らせを受け取る。アトルが結核に冒され死にそうだというのだ。いかにすべきか。

もしウィルがテキサスに引き返すなら、テキサスでは警察が横領の疑いでウィルを捜している。そして五年間の監獄暮らしという危険が待っている。反対に、逃亡先にとどまるなら、自由のままでいられるだろう。妻が死ぬであろうことも確かである。彼が自宅に戻ったとしても妻の生命を救うどんな手段があるわけでもない。人は結核と和解することはできない。二年以内にアトルは死ぬと言われている。

もし古典的な囚人のジレンマの仕方で考えるなら、次のようになるだろう。妻が死に彼が自由のままでいるという選択は、妻が死に彼も監獄に入れられるという選択よりも有利である。この視点から見れば計算は明らかである。もしウィルがテキサスに引き返すなら損失の総額はもっと大きくなる。

ウィルはこのような功利主義的な計算はしなかった。このような計算は彼と妻との関係の価値の大きさを知らないのである。彼はオースチンに引き返し、そこで待っている裁判を受け、最後の数カ月間をアトルに付き添うことができた。妻の死後、ウィルことウィリアム・シドニー・ポーターは禁固五年の判決を受けた。その期間、彼はものを書いて過ごし、三年後には操行良好で出所を許され、O・ヘンリーのペンネームで有名になる。(48)

「未来の囚人のジレンマ」は功利主義的計算の限界を知らせてくれる。アトルとウィルの逸話ではデラとジムの物語と同じように、それぞれは失うが、しかしそれぞれとも得るものを得るのである。従来の囚人のジレンマでは、自分の個人的利益のみを考慮する人物が自分に有利になるように行動するときでも失敗するのに対して、「未来の囚人のジレンマ」では、個人利益がどのようにして二人の人物の間の関係のおかげで、その状況を乗り超えることができるかを示している。従来の囚人のジレンマの枠組ではまさしく欠けているタイプの関係である。

問題となっている関係は、その関係を体験している個人たちを超えている。その関係はある調節のレベルに位置していて、それが第一のレベルで出現する自己超越に関わっているとしても、そうなのである。贈与の典型をなすこのタイプの関係と、囚人のジレンマと市場とを同時に性格づける相互的な孤立との対立については、すでに第2章〔本書九四頁〕において描いてみせた。ところで奇妙なことであるが、創発的ないし自己超越的な現象の例として最もよく引用される社会制度は市場なのである。

経済学者ハイエクによると、アダム・スミスの「見えざる手」はすでに現代サイバネティックス論の主要な直感を先取りしている。すなわち、アダム・スミスの市場は神経ネットワークないしオートマット・ネットワークと同じ資格ではないが個人行為者間の複雑システムをなしていて、そこにおいてグローバルな秩序が自生的に出現するのではないか、というのだ。(49)

規制緩和と「ネットの書き込みサイト」との出会いが「ニュー・エコノミー」を誕生させたと思われるとき、広まる考え方はこれである。「テクノカルチャーのバイブル」とされている合衆国の雑誌『ワイアード』は「マシン、社会システム、経済の世界の生物学」について一冊の書物を出し、そこで「ネットに隠されているものは見えざる手の神秘である［…］ネットワークはほとんど民主主義あるいは市場の同義語である」(50)と書いている。その数年後、アドレスに「.com」を持つ企業株の暴落は当の市場から生じることになるが、あるイタリア人の経済ジャーナリストはこれを、「市場はそれ自身で生きている有機体のように作動し、一連の行きすぎにより引き起こされた熱に対して反応する」(51)と説明するのである。

ここでの問題。市場は、民主主義と完全に同義語であるのだろうか。また同時に生物有機体と同じように作動するのであろうか。ハイエクの同僚であり友人であるカール・ポパーによれば、(52)有機体に最もよく似ているのは閉じた社会である。自己制御する市場という理想は、開かれた社会と両立するのであろうか。社会的なものの中での自己超越と、神経ネットワークないしオートマット・ネットワークの中で示されているように見える自己超越との間には、どのような違いがあるのだろうか。

これらの問いに答えるためには、私たちはもう一度、自己超越の観念に立ち戻る必要がある。これまでの三つの章の中でメタレベルの自己超越は、第一のレベルに置かれた個人行為者たちの関係の中で奇跡のような仕方で介在した。このようなメタレベルとグローバルなメタレベルとの間にある関係について問うことが残っている。それが次の最終章の課題となろう。

第4章

われわれと全体

公共の利益のために仕事をするなどと気取っている人々によって、あまり大きな利益が実現された例を私はまったく知らない。そういう気取りは商人たちの間であまりよくあることではなく、彼らを説得してそれをやめさせるには、ごくわずかな言葉しか使う必要はないのである。

アダム・スミス

両端を結ぶ

二つの主要なアプローチが社会科学の分野では対立している。個人主義と全体論である。全体論から見ると、何よりもまず、個人たちは社会という団体の中で自分たちが果たしているそれぞれの役割や機能によって明確に位置づけられる。この考え方は、きわめて全体論的な社会であるインドで、諸カーストの位階秩序がどのようにして始まったかを語る神話においてよく示されている。その神話によると、社会という共同体のさまざまな構成部分は、ブラーマンは頭から生まれ、戦士カーストは両腕から生まれ、そして召使いカーストは両足から生まれるというように、原初の一人の人間から出現するのである。この神話には何か不安を感じさせるところがある。というのも、それはこの原初の人間の運命に関わっているのだが、彼は誕生しようとする社会の必要のために生け贄にされたらしいのである。諸々の構成部分に対する全体の優越を主張することは、全体という集合利益の祭壇の上で個人を生け贄として捧げるのを弁護することになるのではないだろうか。

この危険を振り払おうとして、個人主義の純粋かつ徹底した信奉者たちは集合体というまとまりのレベルの存在そのものを否定するところまで進む。この人々にとって、全体はそれを構成する諸部分の総和以外の何ものでもない。そこでイギリス人の功利主義者ベンサムは、「共同体なるものは虚構の実体」であると主張し、「共同体の利益」は「共同体を構成する諸メンバーの利益の総和」以上のものではないとした。(1) 個人主義の起源神話は、それぞれ独立した行為者たちが取り結ぶ社会契約が社会の成立の基礎であるというものであり、その場合、独立した行為者たちはもっぱら自分の利益を追求する商品交換に好都合な存在とみなされている。すべてのことを個人たちの行動から説明できるとする極端な個人還元主義に対しては、全体論の立場は総体としての集合体のレベルの重要性を強調する点でそれなりの長所を持つ。しかし、全体論者たちの立場もすべてを集合体のレベルに引きつけて説明するようになると、しばしば一種の裏返しの形の還元主義に陥ることになる。

全体論と個人主義との間の論争はジョナサン・スウィフトが『ガリヴァー旅行記』の小人国の章で描いた、卵をどちらの端で割るかで争う「大きい端」論者と「小さい端」論者との論争を思わせる。大きい端から問題に接近しようとする人々は、社会が個人をつくるという。これに対して小さい端から問題に接近しようとする人々は、社会をつくるのは個人たちであると反論する。実際には、もちろん、この二つのテーゼは両立できないものではない。「大きい端」論者と「小さい端」論者の本当の誤りは一方向だけで物事が決定されるという立場を「最後まで進めている」ことにある。両者は敵同士の兄弟なのである(2)。この意味ではセルジオ・マンギが言うように、「個人的なものと集合的なものとについて現在見られるこのような考え方は双子をなす考え方であるが、それらとともにしっかり結びついている相互依存的、相互補完的な敵対関係、いわばロムルスとレームスの関係〔伝説上のローマの建国者ロムルスは双子の弟レームスを殺して三九年間在位したという〕とでも言うべき互いに相手を模倣し合う「関係」(3)についても、それをどう考えるかという諸問題が生じてくるのである。

　敵同士の兄弟のこのライバル関係の痕跡は、レヴィ＝ストロースによって再び取り上げられたモースの定式の中にはっきりと見て取れる。「全体集合は部分それぞれよりもいっそう現実的である」。どちらがより現実的であるか、完全に白黒をはっきりさせなければならないのだろうか。一方が他方と同じくらい現実的であると認めることで両者間にある接点をつかまえようと探求するならば、それで十分ではないのか。接点を探求することによってのみ、個人主義と反個人主義、全体論と反全体論との間のこの不毛な対立を乗り超える可能性が手に入るのではないだろうか。再びマンギを引用するなら、「〔問題は〕集合主義（＝全体論）の説明に肩入れしようとして個人主義の説明を拒否することではない。私たちの持つ個人の観念、私たちの集合的なものの観念、またこれら観念間の関係についての私たちの考え方を、二元論においてではなく関係論的なタームで再考することである」。したがって本当の挑戦は「部分と全体の間にある相互的決定のプロセスを厳密に考える」(4)ことである。社会科学における個人主義の視点と全体論の視点にそれぞれ欠けているのは、個人レベルと集合体レベルとの間にある、つまり部分と全体の間にある相互的関係あるいは循環的関係を考える努力である。ところでまさしくこの努力が、生物体の自律性を研究している生物学者のもとで見られるのである。自己組織系研究の先駆者の一人、ポール・ワイスの場合を取り上げよう。これについてはジャン=ピエール・デュピュイがその視点を次のように適切な形で要約している。

自己再組織化という表現を用いていないけれども、統合の諸々のレベルが相互にはめ込まれ、そのレベル間には循環的因果関係があることをワイスは論じている。[…]一つの系(つまり生物体)の中で、生理学の諸法則は個々の要素に対して大きな程度の自由度を残している。根底レベルにあるこのような完全に決定され尽くしていない状態は、全体のレベルが行使する諸制約によってしだいに小さくされていくが、全体とその構成諸要素とは相互に決定し合っている。[…]フランシスコ・バレーラ(5)〔一九四六年チリ生まれの生物学者・認知科学者〕も「生体自律性の諸原理」を定式化するときこれと同じことを論じている。

個々の行為者たちが相互に活動するレベルと、行為者間の相互作用から出現するレベル、この二つのレベルの関係を描き出すために私たちがこの書物で使用してきた自己超越の概念が、ここでは新たな形で定式化されている。しかし、この二つのレベルの関係は、私たちが用いたケースとワイスが扱っているケースとでは、本当に同一のことを指しているのだろうか。私たちが生物「系」を解読するのに用いたこの定義を、社会「システム」に修正を施すことなく適用することはできるのだろうか。

生物系についてのこの説明の中で私たちを惹きつけるのは、相互にはめ込み状態の二つのレベルの関係によって、自由と制約とが位置づけられていることである。自由は第一のレベルにある。自由は個々の要素間の相互作用の中にある。しかし、この基底のレベルに属している自由は全体のレベルによって上から行使される諸々の制約によって限定されている。これらの制約に対しては、個々の要素はどんなささやかな抵抗も企てることができないほど不自由である。諸要素にはそれら制約に厳格に従う以外の選択はない。全体のレベルは絶対的超越という有無を言わさぬ力でもってこれらの制約を押しつける。

たしかに、この場合の自己超越は、つまり全体のレベルで生じる制約の働きは、実のところ、個々の要素の活動から間接的に生じてきたものなのである。この意味では二つのレベルの間には循環的関係が存在している。しかし生物系で見られるこの循環には方向が与えられている。この循環はいつも同じ方向に回っている。しっぽに咬みつくヘビと同じように、相互性を持たない仕方で円環が閉じられている。しっぽがヘビの頭を咬むことはない。「小さい端」は「大きい端」に反抗して行動することはできない。個々の要素が全体レベルを決定してしまうのは、つまり全体レベルの働きを生み出してしまうのは、個々の要素が知らぬ間にそうしているからにすぎない。全体レベルでの制約が個々の要素の背後で出現するとしても、そしてそれが彼らの上に落ちてくるとしても、個々の要素はそれに対して何もできない。

生物系の場合、相互性を欠いていることは何ら非難されることではない。ここで問題となっている個々の要素とは、人間という存在ではないのである。社会システムの場合では事はまったく別な仕方で進行することになる。社会の構成員たちを一有機体の構成要素の位置に引き下げることは、彼らの自由を根底から制限することになるだろう。それはいわゆる全体主義的な拘束に人々を従わせるものであろう。しかし、フリードリッヒ・フォン・ハイエクの理論の信奉者である自由市場の支持者たちは、気づかないまま、これと同じことをしている。「還元主義を超えて」をテーマとするシンポジウム〔一九六八年、オーストリアのアルプバッハ〕に生物学者ポール・ワイスとともに出席したハイエクは、最も極端な経済自由主義の洗練された弁明を組み立てる際に自己超越モデルに着想を得ることになった。

ハイエクの理論体系では、自由は個人たちが相互に取り結ぶ行為のレベルだけに存在する。各人は商品の交換を通じて自分の利益を求めることでは自由である。しかしこの自由は、個人たちの諸々の取引の全体レベルで出現する富と収入の分布や、賃金・利子・家賃の一般水準、成長率、失業率などグローバルな結果が問題になると、すぐにその限界に出会う。これらすべての全体的結果は個人たちが取引する際の外部的な拘束として個人たちを制約することになる。それぞれの人が厳粛に受け入れる他ないのは、これらの制約である。

単純な個人主義者たちとは異なって、ハイエクは集合体レベルがメタレベルをなしていることを否定しない。また全体論者たちと異なって、メタレベルの自律性が個人たちの個々の活動からなる第一のレベルから出現するのを忘れてはいない。メタレベルでの制約は個人行為者たちの行為の総和から間接的な仕方で生じてくるが、今度はメタレベルが行為者たちに諸々の制約を押しつけると考える。したがってハイエクのもとでは、そしてこれが彼の思想関心の中心をなすのであるが、個人レベルと集合体レベルの間にあるのは一つの循環的関係なのである。しかしハイエクのもとでのこの循環的関係はしっぽを咬むヘビのような仕方で、一方向的な仕方で、理解されている。相互性は完全に排除されている。個人はお返しに咬みつくことをあきらめなければならない。もし大きい端がその歯を見せるなら、小さい端はすごすごと後ずさりする。

個人主義と全体論の対立を乗り超えるどころか、ハイエク的ウルトラ自由主義ではむしろその両者に同時に陥ることになってしまう。ハイエク的ウルトラ自由主義は、一方では社会生活を商品交換に還元しようとして個人たちに個人的利益だけを追求させ、他方ではそれぞれの人に対して集合的利益という祭壇の上で、必要とあれば自己を犠牲にすることを求める。この集合的利益では市場の「没人格的力」が最高の調停者である。

さて、ジャン＝ピエール・デュピュイが考察したように、「これら没人格的力は本当に世界をよい方向に向かわせるのか、辛うじて生き残れるだけの方向に向かわせるのを示すにすぎないのではないか、そう疑ってみる理性をわれわれが持っているなら、誰もこれら没人格的な力に身を任せることはしないだろう」。「しかし、経験はそれと反対のことを証明している。市場の秩序は容易に袋小路に入り込んでしまうか、深淵に飛び込んでしまいかねないことを」(6)。「自己調整者」としての市場の予言者たちの誤りは、自己超越と現実としての超越とを混同したことにある。

ハイエク的ウルトラ自由主義は市場を神格化しているけれども、市場の方は私たちのことを魚かジャガイモと同じくらいにしか気にしないだろう。市場はまさに人を見下すような無関心さで、ときには私たちを長期にわたる繁栄のサイクルに連れて行くこともあれば、終わりのない不況のサイクルの地獄に投げ入れることもある。私たちの意思とは無関係に存続する市場それ自身の振る舞いとグローバルなレベルで立ち現れるそうした市場の傾向を前にして、そこに一つの超越的な力を見るのは、すなわち意のままに人間たちを操る見えざる手を思い描くのは、自然なことである。

この見えざる手は私たちの鼻をつかんで私たちの意図を超えたある目的地へ連れて行くように見えるが、好ましい目的地に連れて行くことを何が保証するのであろうか。なぜ人は一つの見えざる手の隠れた働きを盲目的に信頼しなければならないのだろうか。自由市場の支持者たちが生物系の例を引き合いに出すのはここであり、生物系は外部からの介入なしに自己調整する動態的ネットワークの能力を備えていると想定されている。このような議論に強く印象づけされてしまう前に少しだけ、私たち各人にとって死活の重要性を持つ自己調整的な生物系について、すなわち人間の身体における免疫系について、考察してみよう。

見えざる手による迷子

私たちの身体に備わる免疫系は途方もない複雑性をはらんだ相互作用を生じさせ、その相互作用は膨大な数のリンパ球、抗体、その他のさまざまな要素から構成される集合の中で常時展開している。生物有機体をよく統合された健康な状態に維持することは、グローバル・レベルでは出現するが諸々の交渉に加わる個人の意思には依存していない集合的結果にとって、ちょうどよい例をなしている。(7)抗体の場合を例に取ってみよう。諸々の抗体は、それ自身が一部をなしている生物体の利益に奉仕するという願望によって動機づけられたりはしない。これは明らかである。最も徹底した個人主義者と同じように、諸々の抗体も自律したグローバルのレベルを認識しない。それゆえ諸々の抗体に対してはアダム・スミスが資本家について言ったのと同じことを言うことができる。資本家は一般的利益など顧慮しないが、それでいながら結果としては自国産業を支える投資をすることで貢献する。「[…]

彼の意図としては何ら存在しない一つの目的を達成するように、彼は見えざる手によって導かれている」(8)。抗体も外部からの侵入者から生物体を防衛しようと考えて行動するのではないが、抗体は生物体を防衛するのである。免疫系の働きは見えざる手の原理を見事に実現している。

しかし、良識の目で見ることも必要である。いかにすばらしいにせよ、免疫系の働きはまだまだ不完全である。免疫系を全面的に信頼してそれに委ねるどころか、有機体を諸々の病原的要素から防衛するために、人が免疫以外にもあらゆる手段を用いるのはこの理由からである。人は手を洗うし、下着を洗濯する。汚物を取り除き、水を浄水器に通す。肉は冷蔵して保存するし、食べるときには熱で調理する。このような健康のために払う用心は、免疫系の欠陥を補うものであり、すでに多くの疫病を避けさせ、幼児死亡率を大きく引き下げさせたものである。

一方、免疫系の働きをより効果的にするために、たとえばワクチンを用いることで抗体の生産を人為的に刺激したり、抗生物質を用いて免疫系の働きそのものの中に直接的な仕方で介入したりすることにも、人はためらわない。要するに抗体にとっては見えざる手に誘導されるだけでは不十分なのである。抗体には目に見える手の介入もしばしば必要なのである。

一部の経済学者たちとは違って、免疫学者たちは、彼らが研究しているシステムの自己調整的な効力を誇示して満足することはない。免疫系の重大な欠陥に対する対策を開発することに取り組んでいる。O・ヘンリーことウィリアム・シドニー・ポーターの若い妻アトルは一八九七年に結核で死んだが〔本書一四五頁〕、これは彼女を快癒させてくれたはずの抗生物質の発見以前のことである。しかし、もし何らかの治療法が当時存在していたとするなら、彼女はそれによる治療を免疫系の尊厳ある自己調整の名において拒否することはなかっただろう。外部からの介入がなぜ市場の欠陥の場合にだけ除外されなければならないのか、その理由は自明なわけではない。アナトル・カレツキが考察したように「一九三〇年代に発展した需要の管理という新しい技術は、経済不況を予防することにおいても、ペニシリンが結核の治癒においてそうだったのと同様に、効果の大きいものである」(9)。

しかし、免疫系においては、問題は単に、抗体が結核菌のような外部の攻撃者から自己の防衛に失敗する場合があるだけではない。自己 - 規制にとってさらに厄介なのは、自己免疫的疾患のケースでは、抗体は自らその一部分をなす生物体そのものに対して攻撃を始め、自身が住んでいる建物を内部から取り壊す場合もあるということだ。

そう、たしかに。抗体は自分から建物を破壊するのである。自らその一部を構成している生物体に危害を加えるある種の抗体は、個々の抗体のレベルでは、他の種類の抗体よりも性質が悪いというわけではない。自己免疫性の病状の中で作用している自己 - 抗体（auto-anti-corps）は健常者の身体の中に、しかも病人のもとで確認されている抗体よりも上位の濃縮を伴って存在していることさえある。自己免疫性疾患はウォルフ・H・フリードマンが説明しているようにシステムの「漂流」なのである。「免疫系が均衡状態にあるネットワークという構造をしているなら、ある局所でのこのネットワークの修正は、一連の連鎖的な影響を生じさせる」[10]。自己免疫性疾患は必ずしも免疫的欠陥あるいは抗体の過剰な活動によるのではない。「免疫系は正常に働いていると思われるが、それ自身がその一部をなす細胞を、攻撃目標にするようである」。「病状部分がどこにあるにせよ、この場合に撹乱されるのはネットワークの形状全体（morphogie）である、とバレーラ、クティノ、ステュアートは言う」[11]。

つまりこういうことである――正しい方向に抗体を誘導するためには、あるいは本来向かうはずの方向に抗体を誘導するためには、いつでも見えざる手をあてにできるわけではない。見えざる手がこのような危険な漂流へと引き込むこともある。このように本来向かう方向から外れ漂流する場合でも、個々の抗体はいつもと同じように本来の仕事をやめてはいないのだが、それぞれの抗体の活動はメタレベルでは好ましくない結果を生み出すことになるのである。自己免疫性疾患の症候群は抗体の活動の結果として生じるのであるけれど、それは抗体たちの持つ意図によるのではない[12]。それゆえ、抗体に対してはここでもまたアダム・スミスが資本主義の投資家について言っていることがあてはまる。「彼らは何ら意図していないある目的を達成するように見えざる手に導かれている」。抗体は内部から崩壊させるつもりはないのに、そうしてしまう。こうして自己免疫性疾患は、見えざる手の原理をすぐれて具現化するものとなる。そうであるなら、免疫系の抗体に「自由放任」の理論を適用するのは正しくない。それなのになぜ現代の市場で私たちは、見えざる手によって誤った道に誘導さなければならないのだろうか。

見えざる手は、従うべき最も優れた道を示すものではない。それは個人レベルと集合レベルとの間に口を開いている裂け目を指さすだけなのである。A・M・イァコノに従うなら、アダム・スミスは「個人の行動と集合的な帰結との間の非連続を告白することで、そこに開いている空白を「認識論的に覆い隠す」ために見えざる手の比喩に援助を求めている」(13)。見えざる手とは、諸々の要素に見られる傾向を物象化して示したものに他ない。それはあたかもある超越的な存在がそれら要素をあるはっきり定まった目的の方向に引っ張るかのように、ネットワークの所与の振る舞いへと向かわせる意図はないのに、諸要素はネットワークの中で収斂していくのである。動態系についての現代の理論はもはや見えざる手を語ることはないが、あたかも糸を操っていて集合的帰結をもたらすかのように、このように引きつける目標を指すのに「アトラクター」という言葉を用いている。

実際には、もちろん、誰も糸を操ってはいない。個々の要素間の相互作用が「他者」と認識されるものをつくり出し包囲し、その包囲がこれら相互作用そのものに対して活動を強制する枠組をつくり出し、それら個々の要素をある特別の方向に向けるだけである。あるアトラクターの上にこれら諸要素が集中していくことは、盲目的過程の予測できない結果に他ならない。実際の結果は偶然的な状況に依存しているので、外観がどのようであっても唯一のありうる結果だというわけではない。アトラクターとなりうるものも多数存在している。しかもそれらがいつでも諸要素を引きつけるとは限らない。要素が本来の働きから外れることで生じる免疫系の危険な漂流は、望ましいにせよ望ましくないにせよ、もう一つの安定した均衡状態であるにすぎない。

この論点は「自由放任」理論へのすぐれた反対者であるグンナー・ミュルダールにより掘り下げられた。ハイエクと同じ一九七四年にノーベル経済学賞を受賞したミュルダールは、自分の受賞について「スウェーデン銀行のデニス・クラークが市場の力を賞賛する理論家を選んだことを許してもらうために、ハイエクのアンチテーゼであるもう一人の経済学者を選んだようである」(14)と言っている。ミュルダールは「社会システムが自然発生的かつ自動的な安定化の傾向」を含むとするあらゆる観念を拒否する。社会システムで働く諸力は何らかの均衡に向けられるどころか、均衡から外れる道に入ったせいで、システムは「そのような均衡点から遠ざかり続ける」。それに続く変化は循環的因果関係のプロセスにより、均衡点から遠ざかるこの動きを強める傾向を持っている。

常態においては、ある変化がそれ自身の変化に修正をもたらす変化を生じさせることはなく、生じてくるのは初めの変化と同一の方向への、しかももっと強度にそこへと引き込む追加的な変化である。この循環的変化によって一つの社会過程が始まると、それは累積的な性格を取る傾向があり、加速されたリズムの速度を得ることになる。(15)

一九九〇年代の金融危機においてはこのタイプの現象が見られた。それについてはジョージ・ソロスが分析している。それまでのグローバル化した資本主義システムにおいては、出発点に戻ってくる振り子のように金融市場はいつでも均衡点に戻ってくるものだ、という考え方が広く受け入れられていた。だがそれは正しくない、とソロスは書いている。

金融市場というものはよく度を越すものであり、ブーム・バスト（暴騰・暴落）の繰り返しがある一点を超えてしまえば、もとの起点に復帰することは決してないのである。金融市場は振り子のように揺れ動くのではなく、最近では建物解体用の大鉄球のようにガンと一発大揺れし、国民経済を次々に突き倒すようになっている。(16)

それゆえ免疫系においてと同様に経済システムでも、諸々の相互作用の異常な振る舞いは、好循環よりも悪循環の径路を取ることになる。それは非健康状態、病理状態に収斂することもあるのである。

円環の復讐

ところで生物学のケースと社会現象のケースとの間の主要な違いは、病理的な集合的結果、つまり全体レベルの結果に直面したときの免疫系における個々の要素の反応に見られる。生物学のケースではグローバルな結果としての系全体の振る舞いは最終的には個々の要素の力の及ばないものである。抗体が自身を構成する生物体を防衛するのは自分では意図も認識もしないでのことであり、それは自身が構成する生物体を攻撃する場合でも同じである。抗体そのものがメタレベルで引き起こしている被害を認識できるなら、自己免疫性疾患は容易に癒すことができるだろう。しかし、抗体は局所的な仕方でしか活動しないし、全体レベルで生じることについて思考することもできない。つまるところ、抗体は一つのメカニズムの歯車でしかない。もし、免疫系のメカニズムが調子を狂わせたとしても、歯車はメカニズムに対して何もすることができない。鎖の小さい端は大きい端に対して無力なのである。

経済における市場もまた個人行為者たちが単なる歯車でしかない一つのメカニズムとして動いている。見えざる手とはこれらの歯車を一方あるいは別の方向へと動かすこのメカニズムの盲目的な動作であるが、個人行為者たちは自分たちが生じさせたグローバルなレベルでの動きについて関心を払うことはない。このメカニズムがうまく動いているとき、個人行為者たちは全体の繁栄など考えることなしにメカニズムの良好な運行に貢献する。アダム・スミスが書いている資本家と同じで、「彼は自分の考えなど少しも入っていない目的を見えざる手に導かれて果たし、自国の産業への投資によって繁栄を支えるのである(17)」。

これはいつでもよくないというわけではないが、いつでもよいことでもない。個人的にはよりよい収益を求める資本投資家たちが、アダム・スミスが望んでいたように、つまりその言葉が生まれる以前の「反グローバリズム論者」の立場の人[18]として自国の産業を支える代わりに、国際的投機に参加するのを想像してみよう。資本市場の価値を異様に膨張させることで、彼ら資本投資家たちは金融バブルをつくり出すのに手を貸し、金融バブルが破裂すれば次には破産の大波を引き起こすだろう。これは資本投資家たちの求めていることではないが、彼らの意図にはなかった一つの目的を見えざる手の働きのままに従って行動した結果である。彼らは悪意の人たちではないが、一つのメカニズムの歯車でしかない。このメカニズムは投資家たちに、集合的結果について考えることは求めないのである。このメカニズムは行為者たちを競争の命令に従わせることで、集合的結果を考慮することさえも彼らに禁止してしまう。このメカニズムの働きがどんなものであったかを知るためには、そこに居合わせたジョージ・ソロスの証言を見ればよいだろう。

金融市場における匿名の一参加者として、私は自分の行動がどんな社会的結果をもたらすかと考えねばならなかったことは一度もない。ある状況では、結果が有害であるかも知れないということを認識していた。しかし、私はルールに従って市場に参加しているのだから、社会的な結果を無視したからといって責められないと感じていた。市場のゲームは競争がきわめて激しく、もし私が私自身をよけいにしばることになるなら、結果は敗者となるだけだろう。さらに私は、金融市場で一般的になっている効果的な競争や、ほぼ完全な競争という条件の下で、私に良心的呵責があろうがなかろうが現実の世界ではどうでもよいことだということを実感した。もし私が参加しなければ、誰かが私に取って代わるだろう。(19)

このように、個人レベルと集合レベルとの間で、不連続がはっきりと明言されている。市場への参加者としての人間たちは、自分たちがメタレベルで引き起こしている厄災を前に、抗体と同じように盲目的で強制された状態にいるということである。しかし、市場と社会は違う。社会を構成する成員として、人間は抗体のような有機体の構成要素には持つことができない自由を持っている。人間はメタレベルで生じていることに目を向けるし、見ているものに対して反作用する。それゆえ、ソロスのような観察者は透徹した仕方で投機の結果を告発することもできるし、自分が参加している取引の枠組を修正するよう求めることもできるのである。

市場の場合、諸々の取引の枠組は生物系と違って、全体レベルで生じる集合的結果だけからなるのではない。なるほど集合的結果は個人行為者たちの取引から構成されて出現し、彼らに強制的な影響力を行使する。しかし市場の場合にはそれとともに、取引の枠組は政治的決定によっても形づくられる。あるいはその枠組は、行為者たちが社会の構成員として出現させる集合的結果に対して、今度は行為者たちの側から制約を加えるという仕方でも形づくられる。社会システムの中では個人レベルと集合レベルとの間の循環は二重になっている。つまり循環は一つだけでなく二つあり、それぞれ異なる方向に回転する。

一方では、投資家か消費者として、あるいは雇用者か被雇用者として、各人は「市場の諸条件」に応じて行動する。たとえその諸条件が間接的な仕方で決定される各人の行為の総和であり全員の意思の結果によって決定されたものであるとしても、これらの諸条件は外から押しつけられたものとして現れる。これが二つのレベル間に存在する第一の循環である。だが生物系と社会システムとの形式上の類似はこの点で終わる。生物体を構成する抗体などの要素とは異なり、社会の成員は全体のレベルにより課される拘束を受動的に受け入れるよう余儀なくされているだけではない。今度はそれを変形するために直接かつ意図的に介入することができる。これが二つのレベル間に存在する第二の循環である。それゆえ、生物体の免疫系では第二の循環が存在しないのだから、生物体の自己超越が社会現象の自己超越に適切なモデルを与えることにはならないのである。

生体系の場合、自己超越の観念は論理的なものにすぎない。つまり、個々の要素レベルから全体レベルへ超え出るという考え方はできるとしても、個々の要素レベルと、ネットワークをなすそれら要素の相互作用が生み出すグローバルな振る舞いのレベルとの区別は、純粋に論理的なものにすぎない。免疫系の動態的ネットワークに特有な振る舞いは、先に見たようにときに何らかのアトラクターを生み出しそこに諸々の要素を引きつけていくことがあるが、ジャン＝ピエール・デュピュイが説明しているように、そこに収斂が見られるアトラクターは、「ネットワークの活動の中に全面的に参加している存在であり、それでいてある意味で超越的な存在である。その理由は論理的により上級の複雑性のレベルに従っているからである」。この複雑性の違いを認めることができる観察者の視点から見ると、アトラクターは個々の要素の活動を超越してはいるが、アトラクターが超越するのは一方向にだけである。というのはアトラクターは、これら個々の要素の活動の集成物に他ならないからである。だから、そこではメタレベルは実際には存在しない。メタレベルを第一のレベルから隔てるものは何もない。デュピュイが「内在性の中の超越」[20]というのはこの理由からである。

内在的超越とは内部に詰め込まれた状態にあるような超越である。メタレベルが第一のレベルと同じ広がりの中にあるとき、メタレベルは個人行為者たちに何らの自由の余地も残さない。行為者たちは相互作用の歯車の嚙み合わせの中に全面的に組み込まれ、自分たちが生じさせたグローバルな振舞いに働きかけるための必要な余地を何ら持たない。もしグローバルな振る舞いが一つの悪循環の形を取るとしても、行為者たちはそこから逃れることはできないだろう。悪循環はメカニズムの規則正しい動きとともに存続する。だがその循環が悪循環であるかそうでないかが示されるのは、外部にいる観察者の目に対してだけである。この区別はそのことを判断できるような自分の目を持たない生物体の構成要素にとっては意味を持たないから、生物体の構成要素は文字通りメカニズムの歯車である。したがってそれら構成要素のグローバルレベルへの従属は全面的である。

そして、行為者たちが一つの悪循環に閉じこもるとき、私たちがこの本の冒頭で復讐について見たように、社会を構成する成員たちもこうした一つのメカニズムに似てくる。実際、人間の行動が最も機械的な行動になるのは、暴力やパニックなど病理的状況の中である。社会的な現象が生物体をモデルに用いた動態的ネットワークに最も近づくのはまさしくこれら危機の時期においてである。しかし、社会的な現象の場合、歯車の噛み合わせのメカニズムと異なるものにしているのは、人々の相互作用から生じてくるグローバルな振る舞いを、行為者たち自身が外からの視線で見ることである。行為者たちはその悪循環の性質を理解しないとしても、生じていることが自分たちの意図するものと違うことはわかる。そのことは、システムの閉塞の中に最初の突破口をあけるのには十分なのである。

復讐のケースで私たちが見たのはこのことである。暴力のメカニズムを形づくる歯車の噛み合わせの中に捕らえられた個人たちは、自分たちを超える力によって自分たちは動かされていると感じる。しかし、彼らはこの力を、自分たちを外から支配する力と受けとめる。彼らは自分たちが目を向けているアトラクターを超越的存在として捉える。彼らはそれを精霊あるいは神にする。このときから、自己超越は内在的な性質を失う。つまり「殺した者は殺せ」のルールに従って復讐することに対して距離を取れるようになる。人間たちはメタレベルを物象化し、メタレベルから距離を取り、距離を取ることで働きかけのための余地をつくり出し、論理的レベルの差異にすぎなかったものを、現実の差異にする。この現実の隔たりは、今度は人間たちがそのメタレベルに働きかける可能性を個人たちに与え、メタレベルの影響力をより絶対的でないものにする。精霊や神々と一緒につくることも可能である。こうして二つのレベル間に一つの相互性が打ち立てられ、第二の循環が回り始めるが、これは生物系が知らないでいるものである。この意味では諸々の社会システムは第二の循環の歴史である。

人間たちが自分たちの意に反して生じさせた超越に背を向けるために、またそのあまりにも重い影響力から自由になるために、人間たちによって展開されたさまざまな努力が歴史なのである。[21] それゆえ、生物体の自己超越は超越の内在性によって特徴づけられるが、社会現象の自己超越は超越の超越を含んでいる。この長い遍歴は、スルクナやハウへの信憑とともに始まり、私たちがつくり出すべきは精霊や神々とともにではなく私たち自身によってであるという確認に至るのである。

これは歴史の終焉であろうか。この書物を通じて私はそのようなことはないと示そうと試みた。個人主体間の関係においても、関係そのものが形づくるメタレベルによらずには円環の両端をつなぐことはできないであろう。超越の超越は決して完成することのない過程である。良きにせよ悪しきにせよ、個人レベルと集合レベルとをつなぐ諸々の循環の中で進化するよう、私たちは運命づけられている。

今日、規制を取り払った資本主義の支持者たちは、個々の取引の全体から生じてきて今度は個々の取引を制約する集合レベルを、忘却するように私たちを誘導している。彼らによると、人は自分自身のことだけに関心を払うのがよいのだ。あとのことは市場がやってくれるだろう。この約束が人を誘惑する力を持っているのを認めないのは誤っている。贈与が含んでいるお返しの義務を廃止することによって、市場は第一次の社会性やそれが織りなす相互性のパーソナルなつながりの、ときとしては抑圧的な重さから個人を解放する。それはレヴィ＝ストロースが『親族の基本構造』の末尾で描いているような、伝統社会を支配している「交換の法則」から逃れ、また絶対的な自律性の中で「人が自分との間だけで生きていける」(22)楽園の夢を実現するという不可能な希望を抱かせる。

しかしこの第一次の社会性がパーソナルなネットワークを第二次の社会性の機能的なネットワークに置き換えるときには、アダム・スミスがよく理解していたように、より広くより複雑なシステムの中に再び結びつけられた「多数の人々」という全体レベル・集合体レベルにいつでも依存するようになる。そしてこのシステムがそれに固有の振る舞いを持つに応じて、言い換えれば生物系とは対立してそれが固有の生命を持つようになるのに応じて、このシステムは市場を構成する個人行為者たちから自律性を奪い取る。個人行為者たちはグローバルなメカニズムの奴隷となることで終わる。個人行為者たちが個々の自律的取引のレベルで完全な自由を享受できると思い込むのに応じて、彼らはこれらの取引が生じさせるメタレベルによって押しつぶされていくのを知らされる。

開かれた社会の最も狡猾な敵たち、それは市場による世界の全面的な支配を不可避なものとして示す人々である。しかし市場による支配は、自然法則のように前もって決定されてはいない。前もって決定されていると信じて市場の支配の不可避性を信じることが、それを不可避にしているだけである。

逆にそれを避けることができると信じるときにだけ、それを避けることができる。

悪循環から抜け出るためには、その悪循環のプロセスを含む循環性を認識することが重要である。そしてすべての循環性を否定するのではなく、別の方向へと出発するプラスの循環に入ることである。人が復讐から逃れるのは、マイナスの循環をプラスの循環に反転させることによってだけなのである。

この点ではラルフ・アンスパックの考察（Anspach, R. 1976, p.512 - 514）は当時よりも、もっとアクチュアルになっている.

（19）Soros 1998ab, p.214 - 215〔ソロス 1999、284頁〕.

（20）Dupuy 1994, p.109.

（21）この点についてはGauchet 1985を参照.

（22）Lévi-Strauss 1967, p.570.

消費向け外国貿易に使用される等しい額の資本よりも多量の国内の勤労を活動させ、その国のより多数の住民に収入と仕事を与える」からである〔スミス(二) 2000、302頁〕．さて摂理の働きは——スミスが見えざる手のイメージに支援を求めるのはまさしくここである——、投資する個人たちは自ずと（ものごとの自然な流れから）自分の資本を遠隔の国で投資するときにさらされるリスクが大きいという理由から、国内商業の方を好むものである．それゆえ「どんな個人でも、自分の資本をできるだけ身近なところで、したがってまたできるだけ多くの国内の勤労を支持できるように、使用しようと努める」〔スミス(二) 2000、300頁〕．このことは愛国心によってなされるのではなく、リスクを恐れ自分自身の利益を配慮することからなされる．「国外の勤労よりは国内の勤労を支えることを選ぶことによって、彼はただ彼自身の安全だけを意図しているのであり、またその勤労を、その生産物が最大の価値を持つような仕方で方向づけることによって、彼はただ彼自身の儲けだけを意図しているのである．そして彼はこの場合にも、他の多くの場合と同様に、見えない手に導かれて、彼の意図の中にまったくなかった目的を推進するようになるのである」〔スミス(二) 2000、303－305頁〕．

ネオリベラルな「グローバル化」を擁護するために見えざる手を呼び出すことが、アダム・スミスがはっきり表明している思想をとんでもなく裏切るものであることを、人は理解するだろう．見えざる手は投資する個人たちを世界市場のリスクから逃れるように導くはずのものであるが、他方、世界市場は自国の人々の収入と勤労にほとんど役立たないのである．

しかし現代の投資家たちは、リスクに対する健康人の恐れによって動かされることはもはやなく、厄災に遭遇したときには国家の救援を当てにするようになっている．1994年から95年のメキシコに端を発する金融危機のときにアメリカ連邦政府が行なったような支援に、である．要するに、今日の「グローバル化」と言われているものは、アダム・スミスが理解していたような見えざる手の働きではなく、国家の介入という果実を手に入れることによって成り立っているのである．

（4）*Ibid.*, p.13, 16.

（5）Dupuy 1994, p.148.「生物学的自律の諸原理」についてはVarela 1989を参照.

（6）Dupuy 1992b, p.286.

（7）Anspach M. et Varela 1992を参照.

（8）Smith 1991, vol.2. p.42 - 43〔スミス(二) 2000、303頁〕.

（9）Polito 1998, p.41より引用.

（10）Fridman 1991, p.174.

（11）Varela, Coutinho et Stewart 1993, p.227 - 228.

（12）アダム・ファーガソン（Adam Ferguson）にとっても同様である. ハイエクが好んで引用するスミスのこの同時代人にとって、社会秩序は「人間たちの行為の結果であるが、彼らの意図によるものではない」(Dupuy 1992b, p.16を参照).

（13）Iacono 1987, p.96.

（14）Clerc 1996, p.64. ミュルダール（Gunnar Myrdal）自身は『エコノミスト』誌（2000年10月7日号、p.116）が想起させているように、アルフレッド・ノーベルの遺言により創設された五つの賞に似せて1969年に設けられたノーベル経済学賞の廃止を提唱した. ハイエクと反ハイエク論者に同時に与えられる賞は科学的な賞であることを自ら否定しているという理由である.

（15）*Ibid.*, p.65より引用.

（16）Soros 1998b, p.14〔ソロス 1999、18頁〕. 著者によって用いられている比喩の意味を生かすために、この引用文の第二フレーズの仏訳文を私は変更している. オリジナルのテキストで言及されているのは、建設現場で破壊用に用いられる「鉄球（wrecking ball）」(Soros 1998a, p.xvi）であって、仏語訳テキストに用いられている「ビリヤードの球」ではない.

（17）Smith 1991, vol.2. p.43〔スミス(二) 2000、303頁〕.

（18）自国の産業を支えるためには、投資する個人たちが外国での商取引よりも国内での商取引を好んでいることが必要である、とスミスは考えている. というのは国内の取引に投下された資本は、「必然的に、

(44) この物語の異本によると、巨人はクフーリンの首に触れるのであるが、戦斧の刃ではなくて背で触れる．そして逆転によるすばらしいイメージが描かれる（Sjœstedt 1940, p.99）．
(45) Gregory 1986, p.422 - 425.
(46)「賢者の贈り物」という言葉はフランス語訳では「役に立たない贈り物」と言い、くり返し祝福している（O.Henry 1993）．このように恣意的なフランス語訳に対して、私はむしろ私自身の訳によるオリジナルなテキストを引用したかったのである．
(47) Godbout et Charbonneau 1993, p.254.
(48)「賢者の贈り物」の著者の生涯中のこのエピソードを再構成するにあたっては、ユージン・カレン・グラシアがもたらした事実を基礎にした（Current-Gracia 1965, p.27 - 35）．
(49) アラン・ボワイエの観察によると（Boyer 1989, p.251, 254 n.13）、ハイエクはJ. フォン・ノイマンのオートマット理論に関心を示していたにもかかわらず、フォン・ノイマンのゲーム理論を少しも引用していない．「囚人のジレンマ」タイプの構造をなす局面では、ゲーム理論は「見えざる手」の自由主義的オプティミズムとはほとんど一致しないのである．
(50) Kelly 1994, p.26 - 27. トマス・フランクが「商品ポピュリズム」と名づけたものの基礎にあるもの、それが民主主義と市場について想定されている同一性である．これは「極端な資本主義」イデオロギーで、ハイエクはこのイデオロギーの生みの親の一人である（Frank, T. 2000, p.35 - 36）．
(51) Netti 2001.
(52) ウィーン出身のこの二人の亡命者の関係についてはBoyer 1989, p.247を参照．

第4章

(1) Caillé, A. 1992, p.93より引用．
(2) スウィフトの言葉遊びについてはCaillé, A. 1997, p.6を参照．
(3) Manghi 1995, p.12.

(21) Krier 1986. Frank, R.H. 1988, p.201も参照.

(22) ポール・デュムシェルはキッチンを共有している二人の学生の関係を囚人のジレンマの理論を用いて分析し、同じような結論に達している. そのキッチンではいつでも汚れた食器が放置されているが、他方が次には食器洗いをすることが当てにできない限り、二人のうちのどちらも食器洗いを引き受けない.「ゲームのプレーヤーたちを、もっと後にやってくる、より大きな利得の視点から、直近の利得を犠牲にするよう導くことが必要だろう。問題はプレーヤーたちのもとで、未来における十分な信頼をつくることである」(Dumouchel 1995, p.76 - 77).

(23) Godbout 1994, p.217.

(24) *Ibid.*, p.213.

(25) *Ibid.*, p.218.

(26) Caillé, A. 1994, p.225.

(27) *Ibid.*, p.224-225.

(28) *Ibid.*

(29) *Ibid.*, p.221.

(30) Klein 1984, p.118.

(31) Lévi-Strauss 1952, p.1574.

(32) *Ibid.*, p.1589.

(33) *Ibid.*

(34) Godbout et Charbonneau 1993, p.250.

(35) Zelizer 1994, p.46.

(36) Godbout et Charbonneau 1993, p.251.

(37) *Ibid.*, p.250 - 251.

(38) Caillé, Ph. 1991. P.22.

(39) *Ibid.*, p.13.

(40) Godbout 1994, p.216.

(41) Caillé, Ph. 1991, p.45.

(42) Caillé, A. 1994, p.222 - 223.

(43) O.Henry 1906.

かは怪しいものである」〕.

（7）『ヌーヴェル・オプセルヴァテール』誌（2001年3月15日号）に掲載されたある広告は、「最大限に安全に楽しむためにデュルクス〔フランスのコンドーム製造会社〕はオペル・コルサ〔自動車整備マニュアルのシリーズ名〕をお薦めします」という.

（8）Watzlawick, Weakland et Fisch 1975, p.88.

（9）Comfort 1972, p.80 - 81.

（10）Lawrence 1991, p.269〔本訳書では Lawrence 1960の邦訳版、ロレンス 1996、389頁〕. ローレンスとコンフォートが二人ともペニスに「固有な意思」を示そうとしてまったく同じ英語の表現「a will of his [its] own」（Lawrence 1960, p.220〔ロレンス 1996、316頁〕）を用いている事実をうまく取り出して示すために、フランス語訳で用いられた表現を少し変更した. またトマスについては姓も補った. いずれにせよ数頁後では「ジョン卿」の称号を受けることになろう（1960, p.237）. ローレンスは『ジョン・トマスとレディ・ジューン』の表題でこの小説のもう一つのヴァージョンを書いていることをつけ加えておこう.

（11）「別の生きものみたい（Like another being!）」（Lawrence 1960, p.219〔ロレンス 1996、316頁〕）をフランス語訳は Comme une autre personne と直訳している（1991, p.268）.

（12）Lawrence 1991, p.270〔本訳書では Lowrence 1960の邦訳版、ロレンス 1996、389頁〕.

（13）Hanson et Hanson 1983, p.91. ここで「神」と訳されているのはマオリ語の atua である.

（14）Watzlawick, Weakland et Fisch 1975, p.93.

（15）*Ibid.*

（16）Frank, R.H. 1988, p.200.

（17）Godbout 1994, p.214 - 215（少し異なる表現で Godbout 2000, p.54 - 55 の中に再録されている）.

（18）Watzlawick, Weakland et Fisch 1975, p.93 - 94.

（19）Godbout 1994, p.208.

（20）Sahlins 1976, p.282 - 283〔サーリンズ 1984、234 - 235頁〕.

認めた．このことが、公共支出の増大をして恐慌からの最終的な脱出を助けたのは疑いない（Leuchtenburg 1963, p.246 他）．1937年に景気回復が見られたときルーズベルトはそれにより雇用プログラムを大幅に削減し、財政均衡化を行なったが、そのことはすぐに新たな景気後退を生じさせた（*Ibid.*, p.243 - 245）．

（54）Roosevelt 1957, p.92.

（55）Polenberg 1972, p.27.

（56）Galbraith 1981, p.171.

（57）*Ibid.*, p.170 - 171（ガルブレイスは戦後になって、価格の統制廃止は1946年と47年に緩やかなインフレを生じさせたが急速に悪化することがなかったことに注目している）．

（58）社会の儀礼的組織化から政治的組織化への移行についてはHocart 1978を参照．

（59）Roosevelt 1957, p.93.

（60）*Ibid.*, p.94.

（61）*Ibid.*, p.95.

（62）Leuchtenburg 1963, p.42, 331.

第3章

（1）Gregoretti et Piroso 1993, p.65より引用．

（2）Caillé, Ph. 1991, p.136.

（3）*Ibid.*, p.136 - 137.

（4）マーガレット・ミード自身は3回離婚しているが、経験した3回の結婚はいずれも大成功であったと、おかしく思えるほどの楽観ぶりで語っていた（Howard 1984, p.400）．

（5）Goodman 1996, p.11.

（6）Lévi-Strauss 1983, p.xliv〔レヴィ＝ストロース 1973、36頁〕〔ここには次のようなくだりがある．「アメリカの隠語で、ある女に「ゾクッとくるもの」（oomph）があるという場合に、他所よりもずっとアメリカにおいては性生活に浸透していたタブーの匂いのする神聖な雰囲気をそれが呼び起こすのであるとすれば、われわれはマナの意味するものからそれほど遠くにいるかどうこの競争は労働賃金を増大させないための「暗黙裡のしかし常に存在し全員で一致している協定」を、主人たちに違反させるようになる(Smith 1937［1776］, p.66, 68〔スミス(一) 2000、66頁〕.

(47) もちろん、好調な景気はどんな種類の理由からでも結果することがありうるし、それらの理由は、当初は自己実現的な恐怖とは何らの関係も持たない．たとえばこの場合、商品の過剰生産はむしろ過剰な楽観主義が生産者のもとにあったことを示すものであり、プラスの循環の典型的な帰結であると言える．景気に影響を与える国外から来るさまざまな衝撃もまた突如としてやってくる．ここで私たちが理解したいのは、ひとたび開始してしまうと、なぜマイナスの循環は必要を超えて存続する傾向を持つのか、ということである．

(48) ここでは信頼の問題を超えて、各人の利害も働いている．肉屋がパン屋に新たに人を雇わせるなら、肉屋はより少ない費用で新たな顧客を得ることになるだろう．しかし、それぞれの店の主人が他の店に人を雇い入れさせる限り、誰も雇わないのと同じでありマイナスの循環は持続する．

(49) Roosevelt 1957, p.92.

(50) デュポンやモルガンなど大富豪の一族と結びついているウォール街の人々はルーズベルトを大統領の地位から追い落とすための策動を直ちに企てる．1933年夏以降に陰謀者たちに対する調査がなされ、スメドレー・バトラー将軍は彼らを告発したが、このような企てはその後も続いた（マコーマック＝ディクスタイン調査委員会による「議会に提出された内部報告書」より．事件はスキャンダルにならないように封印された）．

(51) Leuchtenburg 1963, p.121-128.

(52) *Ibid.*, p.52, 346.　ダルビーによると、標準とされている数字は、連邦政府により設置された雇用プログラムの枠内で働く人々をいつでも失業者に分類しているので、この時期の失業者数を過大に評価している（Darby 1976）．

(53) 十分に革新的なケインジアンではなかったが、ルーズベルト自身もこの恐怖を大幅に共有していて、公共事業への支出増大を不承不承で

(31) Caillé, A. 1996, p.51.

(32) Tsuda 1973, p.135.

(33) しかし商品の取引が（分業が非常に発達した社会での）唯一の交換の基礎であるとも言えないだろう．いわゆる市場社会においてでさえ、非商品的な給付のやりとりはいつでも主要な位置を占めている．アーメト・アンセルが注意を向けさせているように、「その働き・作用の原理について言うなら、市場とは二律背反的であるのに、贈与の領域は市場を培う隠された源泉を構成していないわけではない」(Insel 1993, p.221)．現代フランス社会で非商品的なやりとりの割合がどれくらいになるか数量的に見積もることを試み、アンセルはそれがかなり大きな規模であるとの結論に達している．

(34) Smith 1991, vol.1 p.82〔スミス(二) 2000、39頁〕.

(35) この議論は、近親の男性との結婚を拒否する女性たちの視点からなされる議論でも同じように妥当することに注目しよう．

(36) Lévi-Strauss 1967, p.151〔レヴィ＝ストロース 2000、261頁〕.

(37) *Ibid.*, p.31〔同上書、97頁〕.

(38) 侵略者（transgresseur）は一個人であることも一国であることもあるだろう．今日では近親者だけで引きこもることへの同じような厳しい非難はグローバルな自由貿易の支持者のレトリックを活気づけている．

(39) Théret 1995, p.71.

(40) Orléan 1991, p.144.

(41) Simmel 1987, p.198: Orléan 1992, p.94からの引用.

(42) Orléan 1998.

(43) Roosevelt 1957, p.90.

(44) Mauss 1983, p.161〔モース 1973、243頁〕.

(45) Roosevelt 1957, p.91.

(46) 酒屋、パン屋、肉屋が給料を払って雇う人を見つけることができない場合を除いては、失業の縮小であって、必ずしも失業の絶滅ではない．アダム・スミスが注目しているように、身体労働者数の減少は「雇い人である主人たち間の競争」を引き起こすという不都合があり、

（14）同様の信憑は北西シベリアと西部アラスカの諸社会で見られる．モースによると、これらの社会では、「精霊と同型の」人間間での交換は精霊、神々、自然に対して気前よくあることを生じさせるのだという．「贈り物の交換は富の豊かさを生み出す、と人々は説明する」（Mauss 1983, p.164 - 165〔モース 1973、246頁〕．

（15）Parry 1986, p.465 - 466.

（16）Mauss 1983, p.224を参照〔モース 1973、313頁を参照〕.

（17）Lévi-Strauss 1983, p.xxxviii〔レヴィ＝ストロース 1973、30頁〕.

（18）*Ibid.*〔同上書〕.

（19）これに先行する数頁において、交換は（価値や価値感情などの）固有存在を与えられた現象として考えられるべきもので、日常的な地味な行為の単純な総和ではないという考えを、明白に否定した直後だけに、いっそう注目される（Simmel 1987, p.55〔ジンメル 1994、68－69頁〕）.

（20）*Ibid.*, p.66〔同上書、79頁〕.

（21）Lévi-Strauss 1967, p.305〔レヴィ＝ストロース 2000、426頁〕．シャルル・マルムードが注目しているように「「債権（créance）」と「信用（croyance）」は語源的には同じ言葉から生じている」（Malamoud 1991, p.591 - 592）.

（22）Mauss 1983, p.198 - 199〔モース 1973、290頁〕.

（23）Kapferer 1989, p.175 - 176.

（24）人はここでルソーが『社会契約論』で行なっている議論、「各人が全体に与えることは、誰にも与えないことである」を考えるかもしれない.

（25）Lévi-Strauss 1967 [1949], p.68 - 69〔レヴィ＝ストロース 2000、146頁〕.

（26）*Ibid.*, p.69 - 70〔同上書、146－147頁〕.

（27）Bateson et Ruesch 1988 [1951], p.242〔ベイトソン他 1995、230頁〕.

（28）*Ibid.*〔同上書、230頁〕.

（29）Lévi-Strauss 1967, p.70〔レヴィ＝ストロース 2000、148頁〕.

（30）Mauss 1983, p.264〔モース 1973、378頁〕.

れに対する復讐はこの攻撃によって相殺されることになる（この逆説については Dupuy 1998を参照）.

(27) リュック・ラシーヌは、モースはこの循環形態を予感していたという（Racine 1986, p.106）.「この円環の最後の環が閉じられるためには、贈与者とお返しする人が同一の人物である必要はない」とモースは書いている（Mauss 1947, p.106）. 言うまでもないが「贈与者とお返しをする人」は「贈与者と受贈者」と読まれるべきである.

(28) 同様のケースについてリュック・ラシーヌは、交換としてではなく相互性として論じる方を好んでいる. 相互性は「時間差を持ってあるいは時間差なしに贈与者あるいは非贈与者にお返しすること」と定義されている（Racine 1986, p.101-102）.

(29)「人は受け取るために贈るのではない. 他の人も誰かに贈ってくれるように贈るのである」. すでに古典となっている論文の中で、クロード・ルフォールはトロブリアンド島の全般化された交換の例を引きながら強調しているのはこのことである（Lefort 1951, p.1415）.

第２章

（１）Mauss 1983, p.147〔モース 1973、224頁〕.

（２）Dupuy 1992a, p.247.

（３）Mauss 1983, p.148〔モース 1973、224頁〕.

（４）*Ibid.*, p.159〔同上書、239頁〕.

（５）Lévi-Strauss 1983, p.xxxviii-xxxix, xlvi〔レヴィ＝ストロース 1973、31頁〕.

（６）Mauss 1983, p.160〔モース 1973、240頁〕.

（７）*Ibid.*, 158 - 159〔同上書、239頁〕.

（８）Casajus 1984, p.70.

（９）*Ibid.*, p.69 - 70.

(10) Castriadis 1986, p.45 - 46.

(11) Casajus 1984, p.70.

(12) Mauss 1983, p.158 - 159〔モース 1973、239頁〕.

(13) Sahlins 1976, p.209.

全面的な給付をするという原則である」(Sjoestedt 1940, p.99).

(12) Mauss 1983, p.278 - 279〔モース 1973、396頁〕.

(13) Garine 1980, p.97.

(14) Atlan 1985, p.447.

(15) リュシアン・スキュブラは、供犠(sacrifice)は言葉の二つの意味〔神への供犠と、全体のために一部を破壊すること〕で、暴力を含んでいると適切に論じている(Scubla 1999).

(16) 私はすでに二つの論文の中でこのことを詳細に論じた(Anspach, M. 1984a, 1984b).

(17) Mauss 1983, p.204. また p.166も参照〔モース 1973、293頁、また248頁も参照〕.

(18) *Ibid.*, p.204 n.3〔同上書、300頁〕. 死者、精霊および神々との関係の枠組の中で生者に対してなされる贈与を理解する必要についてはバロー他の著書を参照(Barraud *et al.* 1984). レヴィ＝ストロースは、西欧の年末の祝いの際に生者に対してなされるプレゼント・贈り物の中に死者に向けてなされる贈与の痕跡を指摘している(Lévi-Strauss 1952).

(19)「人や神に対する贈与または前者や後者との平和をあがなうことを目的とする」とモースは書いている. Mauss 1983, p.168〔モース 1973、249頁〕.

(20) Lévi-Strauss 1967, p.78〔レヴィ＝ストロース 2000、157頁〕.

(21) この復讐のシステムについては Verdier 1980, 1992を参照. またこのシステムと供儀の論理の関係については Anspach, M. 1987, 1988, Scubla 1992を参照.

(22) Girard 1972, p.44〔ジラール 1982、42頁〕.

(23) *Ibid.*, p.42〔同上書、40頁〕.

(24) *Ibid.*, p.43〔同上書、40頁〕.

(25) Mauss 1983, p.277〔モース 1973、395頁〕.

(26) もし最初の暴力の行為が相手(敵)の攻撃を予防することを目的とするなら、それは未来の暴力を先取りした攻撃として示される. しかし、この攻撃によって未来の暴力を阻止することに成功するなら、そ

原　註

第1章

（1）Tricaud 1977, p.73.

（2）Dupuy 1987, Varela 1989参照．固有の振る舞いは自己準拠的関数

$$x = f(x) = f(f(x)) = \cdots$$

によって記述できる．このような関数の無限反復は復讐について私が示した公式に照らせば、

復讐＝殺す（殺した者）＝殺す（殺した者（殺した者））となる．

（3）Kadaré 1982, p.216〔カダレ 1995、209頁〕.

（4）Gregory 1986, p.422. 同じような挑戦は「カヴェインと緑の騎士」〔14世紀イングランドで書かれた作者不詳の物語〕など他の中世の伝説にも見られる．

（5）宣教師の持っている鉄の斧を欲しがったあるマオリ人の酋長が1819年にニュージーランドの宣教師サミュエル・マーデンに対して提案した同意書で示しているように、自分の首については少なくとも死後の引き渡しを定めておく必要がある．ヨーロッパの収集家たちがマオリ人たちのもとに保存されていた人首を高く評価しているのを知って、マオリの酋長は宣教師の鉄の斧と引き替えに、死後に自分の首を与えることを提案した．こうして彼は先払いしたのである（Hanson et Hanson 1983, p.212 n.45).

（6）Mauss 1983, p.161〔モース 1973、240頁〕.

（7）シャルル・マルムードの観察〔Malamoud 1991〕.

（8）Serres 1968, p.234.

（9）Mauss 1983, p.227〔モース 1973、328頁〕.

（10）Mauss 1969［1925］, p.53, 55.

（11）この特殊な挿話についてマリールイーズ・スジェステドは次のように言っている．「これはポトラッチの原則、つまり、他日相手も同じ

⑦カダレ、イスマイル（1995）『砕かれた四月』平岡敦訳、白水社.
⑧ロレンス、D・H（1996）『完訳　チャタレイ夫人の恋人』伊藤整訳、新潮文庫.
⑨レヴィ＝ストロース、クロード（2000）『親族の基本構造』福井和美訳、青弓社.
⑩レヴィ＝ストロース、クロード（1973）「マルセル・モース論文集への序文」（マルセル・モース『社会学と人類学Ⅰ』所収、有地亨／伊藤昌司／山口俊夫訳、弘文堂.
⑪モース、マルセル（1973）「贈与論」『社会学と人類学Ⅰ』有地亨／伊藤昌司／山口俊夫訳、弘文堂.
⑫O・ヘンリー（2007）『１ドルの価値／賢者の贈り物　他21編』芹沢恵訳、光文社文庫.
⑬サーリンズ、マーシャル（1984）『石器時代の経済学』山内昶訳、法政大学出版局.
⑭ジンメル、ゲオルグ（1994）ジンメル著作集２／３『貨幣の哲学（上）（下）』元浜晴海／居安正／向井守訳、白水社.
⑮スミス、アダム（2000）『国富論（一）～（四）』水田洋監訳、杉山忠平訳、岩波文庫.
⑯ソロス、ジョージ（1999）『グローバル資本主義の危機―開かれた社会を求めて』大原進訳、日本経済新聞社.

Endangered, New York, Perseus/Public Affairs.

SOROS, George, 1998*b*, *La Crise du capitalisme mondial. L'intégrisme des marchés*, Paris, Plon.

TCHERKÉZOFF, Serge, 1995, « La totalité durkheimienne », *L'Ethnographie*, t. 91, 1, p. 53-69.

THÉRET, Bruno, 1995, « Souveraineté et légitimité de la monnaie. Monnaie et impôt », in *Souveraineté, légitimité de la monnaie*, sous la direction de Michel Aglietta et André Orléan, Paris, Association d'économie financière / Centre de recherche en épistémologie appliquée, p. 71-81.

TRICAUD, François, 1977, *L'Accusation. Recherche sur les figures de l'agression éthique*, Paris, Dalloz.

TSUDA, Itsuo, 1973, *Le Non-Faire*, Paris, Le Courrier du livre.

VARELA, Francisco, 1989, *Autonomie et Connaissance. Essai sur le vivant*, trad. Paul Dumouchel, Paris, Le Seuil.

VARELA, Francisco J., COUTINHO, Antonio, et STEWART, John, 1993, « What is the immune network for ? », in *Thinking About Biology*, sous la direction de W. D. Stein et F. J. Varela, Addison-Wesley, p. 215-230.

VERDIER, Raymond, 1980, « Le système vindicatoire », in *La Vengeance*, vol. 1 : *Vengeance et Pouvoir dans quelques sociétés extra-occidentales*, sous la direction de Raymond Verdier, Paris, Cujas, p. 11-42.

WATZLAWICK, Paul, WEAKLAND, John H., et FISCH, Richard, 1975, *Changements. Paradoxes et psychothérapie*, trad. P. Furlan, Paris, Le Seuil.

ZELIZER, Viviana A., 1994, *The Social Meaning of Money*, New York, Basic Books.

邦訳文献

①ベイトソン、G／ロイシュ、J（1995）『精神のコミュニケーション』佐藤悦子／R・ボスバーグ訳、新思索社.

②カストリアディス、C（1994）『迷宮の岐路』宇京頼三訳、法政大学出版局.

③デュピュイ、ジャン＝ピエール（1987）『秩序と無秩序―新しいパラダイムの探究』古田幸男訳、法政大学出版局.

④デュピュイ、ジャン＝ピエール（2003）『犠牲と羨望―自由主義社会における正義の問題』米山親能／泉谷安規訳、法政大学出版局.

⑤デュルケム（1941 / 1975）『宗教生活の原初形態』古野清人訳、岩波文庫.

⑥ジラール、ルネ（1982）『暴力と聖なるもの』古田幸男訳、法政大学出版局.

MAUSS, n° 14, p. 126-152.
ORLÉAN, André, 1992, « La monnaie comme lien social. Étude de *Philosophie de l'argent* de Georg Simmel », *Genèses*, n° 8 (juin), p. 86-107.
ORLÉAN, André, 1998, « La monnaie autoréférentielle : réflexions sur les évolutions monétaires contemporaines », in *La Monnaie souveraine*, sous la direction de Michel Aglietta et André Orléan, Paris, Odile Jacob, p. 359-386.
PARRY, Jonathan, 1986, « *The Gift*, the Indian Gift and the "Indian Gift" », *Man*, vol. 21, n° 3, p. 453-473.
POLENBERG, Richard, 1972, *War and Society. The United States, 1941-1945*, Philadelphie, J. B. Lippincott.
POLITO, Antonio, 1998, « Keynes, la rivincita dello Stato », *La Repubblica*, 4 novembre, p. 41.
RACINE, Luc, 1986, « Les Formes élémentaires de la réciprocité », *L'Homme*, n° 99 (juillet-septembre), p. 97-117.
ROOSEVELT, Franklin D., 1957, *The Roosevelt Reader*, sous la direction de Basil Rauch, New York, Holt, Rinehart & Winston.
⑬ SAHLINS, Marshall, 1976, *Âge de pierre, Âge d'abondance*, trad. Tina Jolas, Paris, Gallimard.
SCUBLA, Lucien, 1985, « Jamais deux sans trois ? (Réflexions sur les structures élémentaires de la réciprocité) », in *Logiques de la réciprocité. Cahiers du CREA*, n° 6.
SCUBLA, Lucien, 1992, « Vindicatory system, sacrificial system », in *Vengeance*, sous la direction de Mark Anspach (*Stanford French Review*, 16. 1), p. 55-76.
SCUBLA, Lucien, 1999, « "Ceci n'est pas un meurtre" ou comment le sacrifice contient la violence », in *De la violence, t. II*, séminaire de Françoise Héritier, Paris, Odile Jacob, p. 135-170.
SERRES, Michel, 1968, « Apparition d'Hermès : Don Juan », in *Hermès*, t. I, Paris, Minuit, p. 233-245.
⑭ SIMMEL, Georg, 1987 [1900], *Philosophie de l'argent*, trad. Sabine Cornille et Philippe Ivernel, Paris, Presses universitaires de France.
SJŒSTEDT, Marie-Louise, 1940, *Dieux et Héros des Celtes*, Paris, Presses universitaires de France.
⑮ SMITH, Adam, 1937 [1776], *An Inquiry into the Nature and Causes of the Wealth of Nations*, sous la direction d'Edwin Canaan, New York, Modern Library.
SMITH, Adam, 1991, *Recherches sur la nature et les causes de la richesse des nations*, t. I et II, trad. Germain Garnier, Paris, Garnier-Flammarion.
⑯ SOROS, George, 1998*a*, *The Crisis of Global Capitalism. Open Society*

restitution de la puissance », in *La Vengeance*, vol. 4 : *La Vengeance dans la pensée occidentale*, sous la direction de Gérard Courtois, Paris, Cujas, p. 219-241.

KRIER, B. A., 1986, « More pre-nuptial contracts contain clauses covering lifestyle », *Oakland Tribune*, 24 août.

⑧ LAWRENCE, David Herbert, 1960 [1928], *Lady Chatterley's Lover*, Harmondsworth, Penguin.

LAWRENCE, David Herbert, 1991, *L'Amant de Lady Chatterley*, trad. Pierre Nordon, Paris, Le Livre de Poche.

LEFORT, Claude, 1951, « L'échange et la lutte des hommes », *Les Temps modernes*, nº 64, p. 1400-1417.

LEUCHTENBURG, William E., 1963, *Franklin D. Roosevelt and the New Deal. 1932-1940*, New York, Harper Colophon.

LÉVI-STRAUSS, Claude, 1952, « Le Père Noël supplicié », *Les Temps modernes*, nº 77, p. 1572-1590.

⑨ LÉVI-STRAUSS, Claude, 1967, *Les Structures élémentaires de la parenté*, 2e édition [1re édition, 1949], Paris, Mouton.

⑩ LÉVI-STRAUSS, Claude, 1983 [1950], « Introduction à l'œuvre de Marcel Mauss », in M. Mauss, *Sociologie et Anthropologie*, Paris, Presses universitaires de France, p. IX-LII.

MALAMOUD, Charles, 1991, « Croyance, finance, confiance dans l'Inde ancienne », *Revue d'économie financière* (hors série), novembre, p. 589-592.

MANGHI, Sergio, 1995, « Interpensare. Individui, relazioni e collettivo », *Rivista italiana di gruppoanalisi*, vol. 10, nº 3-4 (décembre), p. 9-24.

MAUSS, Marcel, 1947, *Manuel d'ethnographie*, Paris, Payot.

MAUSS, Marcel, 1969 [1925], « Sur un texte de Posidonius. Le suicide, contre-prestation suprême », in *Œuvres*, vol. 3, Paris, Minuit, p. 52-57.

⑪ MAUSS, Marcel, 1983 [1923-1924], *Essai sur le don*, in *Sociologie et Anthropologie*, Paris, Presses universitaires de France, p. 143-279.

MURSTEIN, Bernard, CERRETO, Mary, et MACDONALD, Marcia, 1977, « A theory and investigation of the effect of exchange-orientation on marriage and friendship », *Journal of Marriage and the Family*, nº 39, p. 543-548.

NETTI, Enrico, 2001, « Un nuovo Dna per le ".com" », *Il Sole-24 Ore*, 20 juillet, supplément « New Economy », p. 1.

⑫ O. HENRY, 1906, « The Gift of the Magi », in *The Four Million*, New York, McClure, Phillips (repris dans *The Complete Works of O. Henry*, vol. 1, Garden City, New York, Doubleday, p. 7-11).

O. HENRY, 1993, « Les cadeaux inutiles », in *New York Tic Tac*, Paris, Stock, p. 7-14.

ORLÉAN, André, 1991, « L'origine de la monnaie (I) », *La Revue du*

Fridman, Wolf H., 1991, *Le Cerveau mobile. De l'immunité au système immunitaire*, Paris, Hermann.

Galbraith, John Kenneth, 1981, *A Life in Our Times*, Boston, Houghton Mifflin.

Garine, Igor de, 1980, « Les étrangers, la vengeance et les parents chez les Massa et les Moussey (Tchad et Cameroun) », in *La Vengeance*, vol. 1 : *Vengeance et pouvoir dans quelques sociétés extra-occidentales*, sous la direction de Raymond Verdier, Paris, Cujas, p. 91-124.

Gauchet, Marcel, 1985, *Le Désenchantement du monde. Une histoire politique de la religion*, Paris, Gallimard.

⑥ Girard, René, 1972, *La Violence et le Sacré*, Paris, Grasset.

Godbout, Jacques T., 1994, « L'état d'endettement mutuel », *La Revue du MAUSS semestrielle*, n° 4, p. 205-219.

Godbout, Jacques T., 2000, *Le Don, la Dette et l'Identité. Homo donator vs homo œconomicus*, Paris, La Découverte/MAUSS.

Godbout, Jacques T., et Charbonneau, Johanne, 1993, « La dette positive dans le lien familial », in *Ce que donner veut dire* (*La Revue du MAUSS semestrielle*, n° 1), p. 235-256.

Goodman, Ellen, 1996, « What would the foremothers say ? », *International Herald Tribune*, 28 août, p. 11.

Gregoretti, Marco, et Piroso, Antonello, 1993, « Proposta indecente. O no ? », *Panorama*, 16 mai, p. 62-66.

Gregory, Lady Isabella Augusta, 1986 [1902], *Cuchulain of Muirthemne. The Story of the Men of the Red Branch of Ulster*, in *A Treasury of Irish Myth, Legend, and Folklore*, New York, Avenel, p. 327-704.

Hanson, F. Allan, et Hanson, Louise, 1983, *Counterpoint in Maori Culture*, Londres, Routledge & Kegan Paul.

Hocart, Arthur Maurice, 1978 [1936] *Rois et Courtisans*, trad. Martine Karnoouh et Richard Sabban, Paris, Le Seuil.

Howard, Jane, 1984, *Margaret Mead. A Life*, New York, Simon & Schuster.

Iacono, Alfonso M., 1987, *L'Evento e l'Osservatore : ricerche sulla storicità della conoscenza*, Bergamo, Pierluigi Lubrina.

Insel, Ahmet, 1993, « La part du don. Esquisse d'évaluation », in *Ce que donner veut dire* (*La Revue du MAUSS semestrielle*, n° 1), p. 221-234.

⑦ Kadaré, Ismaïl, 1982, *Avril brisé*, trad. Jusuf Vrioni, Paris, Fayard.

Kapferer, Bruce, 1989, « Nationalist ideology and a comparative anthropology », *Ethnos*, 54 : 3-4, p. 161-199.

Kelly, Kevin, 1994, *Out of Control. The New Biology of Machines, Social Systems, and the Economic World*, Reading (Mass.), Perseus.

Klein, Jean-Pierre, 1984, *Les Masques de l'argent*, Paris, Laffont.

Kremer-Marietti, Angèle, 1984, « Nietzsche et la vengeance comme

Marcel Mauss et le paradigme du don », *La Revue du MAUSS semestrielle*, nº 8, p. 12-58.

CAILLÉ, Alain, 1997, « Présentation », *La Revue du MAUSS semestrielle*, nº 10, p. 5-20.

CAILLÉ, Alain, 2000, *Anthropologie du don. Le tiers paradigme*, Paris, Desclée de Brouwer.

CAILLÉ, Philippe, 1991, *Un et un font trois. Le couple révélé à lui-même*, Paris, ESF.

CASAJUS, Dominique, 1984, « L'énigme de la troisième personne », in *Différences, Valeurs, Hiérarchie*, sous la direction de Jean-Claude Galey, Paris, Éditions de l'École des hautes études en sciences sociales, p. 65-78.

② CASTORIADIS, Cornelius, 1986, *Domaines de l'homme. Les carrefours du labyrinthe*, t. II, Paris, Le Seuil.

CLARK, M. S., et MILLS, J., 1979, « Interpersonal attraction in exchange and communal relationships », *Journal of Personality and Social Psychology*, 37, p. 12-24.

CLERC, Denis, 1996, « L'État-providence à la suédoise », *Alternatives économiques*, nº 141 (octobre), p. 64-67.

COMFORT, Alex, 1972, *The Joy of Sex*, New York, Crown.

CURRENT-GARCIA, Eugene, 1965, *O. Henry*, New Haven, Twayne Publishers/College and University Press.

DARBY, Michael R., 1976, « Three-and-a-half million U.S. employees have been mislaid : or, an explanation of unemployment, 1934-1941 », *Journal of Political Economy*, vol. 84, n° 1 (février), p. 1-16.

DUMOUCHEL, Paul, 1995, *Émotions. Essai sur le corps et le social*, Paris, Les Empêcheurs de penser en rond.

③ DUPUY, Jean-Pierre, 1982, *Ordres et Désordres*, Paris, Le Seuil.

DUPUY, Jean-Pierre, 1992*a*, *Introduction aux sciences sociales. Logique des phénomènes collectifs*, Paris, Ellipses.

④ DUPUY, Jean-Pierre, 1992*b*, *Le Sacrifice et l'Envie. Le libéralisme aux prises avec la justice sociale*, Paris, Calmann-Lévy.

DUPUY, Jean-Pierre, 1994, *Aux origines des sciences cognitives*, Paris, La Découverte.

DUPUY, Jean-Pierre, 1998, *Éthique et Philosophie de l'action*, Paris, Ellipses.

⑤ DURKHEIM, Émile, 1968 [1912], *Les Formes élémentaires de la vie religieuse*, Paris, Presses universitaires de France.

FRANK, Robert H., 1988, *Passions Within Reason*, New York, Norton.

FRANK, Thomas, 2000, *One Market Under God. Extreme Capitalism, Market Populism, and the End of Economic Democracy*, New York, Doubleday.

参考文献

（邦訳書は番号を付し末尾に収録）

ANSPACH, Mark R., 1984*a*, « Le don paisible ? », *Bulletin du MAUSS*, nº 11, p. 15-38.

ANSPACH, Mark R., 1984*b*, « Tuer ou substituer : l'échange de victimes », *Bulletin du MAUSS*, nº 12, p. 69-102.

ANSPACH, Mark R., 1987, « Penser la vengeance », *Esprit*, nº 128, p. 103-111.

ANSPACH, Mark R., 1988, « Le temps de la vengeance », *Cahiers du CREA*, nº 12, p. 145-177.

ANSPACH, Mark R., et VARELA, Francisco, 1992, « Le système immunitaire : un "soi" cognitif autonome », in *Introduction aux sciences cognitives*, sous la direction de Daniel Andler, Paris, Gallimard, p. 489-509.

ANSPACH, Ralph, 1976, « Smith's growth paradigm », *History of Political Economy*, vol. 8, nº 4 (hiver), p. 494-514.

ASSOULY, Olivier, 1993, « Économie et circularité », *Revue d'économie financière*, nº 26 (automne), p. 145-152.

ATLAN, Henri, 1985, « Violence fondatrice et référent divin », in *Violence et Vérité*, sous la direction de Paul Dumouchel, Paris, Grasset, p. 434-449.

BARRAUD, Cécile, COPPET, Daniel de, ITÉANU, André, et JAMOUS, Raymond, 1984, « Des relations et des morts : quatre sociétés vues sous l'angle des échanges », in *Différences, Valeurs, Hiérarchie*, sous la direction de Jean-Claude Galey, Paris, Éditions de l'École des hautes études en sciences sociales, p. 421-520.

① BATESON, Gregory, et RUESCH, Jurgen, 1988 [1951], *Communication et Société*, trad. Gérald Dupuis, Paris, Le Seuil.

BOYER, Alain, 1989, « Introduction » à Friedrich von Hayek, « La théorie des phénomènes complexes », *Cahiers du CREA*, nº 13, p. 247-254.

CAILLÉ, Alain, 1992, « Sujets individuels et sujet collectif », *Philosophie et Anthropologie*, présenté par Christian Descamps, Paris, Centre Georges-Pompidou, p. 93-114.

CAILLÉ, Alain, 1994, « Tout le monde gagne. Comment un état d'endettement mutuel positif est-il possible ? Brefs commentaires sur l'article de Jacques Godbout », *La Revue du MAUSS semestrielle*, nº 4, p. 220-226.

CAILLÉ, Alain, 1996, « Ni holisme ni individualisme méthodologiques.

訳者あとがきに代えて

本書は、Mark Rogin Anspach, *À Charge de Revanche. Figures élémentaires de la réciprocité*, Éd.du Seuil, 2002の全訳である。原著の表題は「相手も同じことをするという条件で」であるが、それよりも本書の内容に沿って『悪循環と好循環』にし、副題に元の表題を取り込むことにした。元の副題は「相互性・互酬性の基本的な形」で、ここにはデュルケムの『宗教生活の原初形態』やレヴィ＝ストロースの『親族の基本構造』と同じ「基本的・原初的」の言葉が用いられている。若い著者の本書への思い入れが感じられる。著者のマルク・R・アンスパックは一九五九年生まれ。ハーバード大学を優等(B.A. cum lauda)で卒業し、八八年にパリにある社会科学高等研究院で博士（人類学）、さらに九一年にはスタンフォード大学でも学位（文学）を得ている。現在はパリのエコール・ポリテクニク（理工科大学）に設置されているCREA（応用認識論研究センター）の研究員。文学と人類学に造詣が深いようであり、また最近の著作『ミメジス的エディプス』（二〇一〇）ではルネ・ジラールへの傾斜を示している。

本書で著者が取り組むのは相互性・互酬性（réciprocité はわが国では互酬性と訳されることが多いが、本書では社会経済学でよりも広い意味で用いられているので相互性の語も用いている）であるが、それはどういうことであるのだろうか。最近の四半世紀、グローバル化や経済での規制緩和が進み、先進諸国ではどこでもネオリベラリズム（新自由主義）の方向に経済運営の舵が切られた。しかし市場の動向がすべてとされるにつれ、このことの不都合もまたさまざまな分野であらわになっている。福祉の切り捨てはもちろん、社会のあちこちで見られるＮＰＯ（非営利組織）の活動やボランティア、市民運動、地域振興の企ては、この市場万能とされる動きへの対流現象をなすものであろう。

では、そうであるとして、これらの活動や運動にはその根底にどのような原則や原理をが働いているのか。市場の原則は契約と等価交換であり、国家や福祉の諸制度の原則は再配分である。これに対して、家族や友人など親密圏の人々、あるいはＮＰＯやボランティア活動などにある原則は互酬性・相互性であると言われる。互酬性・相互性はある程度の自発性を想定している。自分は誰か他人に何かを贈ったりするのだが、そのことは他日、誰か他人が自分に何かを贈ってくれることを期待できるからである。ソーシャル・キャピタル論で知られるロバート・パットナムは『哲学する民主主義』（ＮＴＴ出版、二〇〇一）でこう書いている。南イタリアの農民たちは麦の収穫の時期に隣家と協力して相互に一緒に作業すればよいとわかっているのにそれができない、それに対してアメリカ・ボストン郊外の住宅地の住民たちは、誰から言われなくても互いに地区の落ち葉の掃除をする、と。その違いはどこにあるかといえば、互酬性・相互性の規範が人々の間で共有されているかどうかによるのだ、と彼が言っていたのを思い出せばいい。互酬性・相互性の規範さえコミュニティで共有されていれば、暴力的な市場の支配に対抗できる。そういう位置づけである。

互酬性・相互性は今日の社会の中でこれほど重要な位置づけがなされているのだが、その理論的な解明となると研究は意外に少ないのに気づく。その出発点はマルセル・モースの「贈与論」であるが、モースの贈り・受け取り・お返しする義務についてはいつでも説明されるけれど、そこから先の議論はどう展開するのか。これについてはジャック・ゴブーの新著『私たちの間を循環するもの』(*Ce qui circule entre Nous. Donner, recevoir, render*, Éd.du Seuil, 2007)がうまく整理している。ゴブーによれば、一方には「贈りお返しされるものは等しい価値のものである」(これは市場と同じ原理)とする立場、他方に「贈与はお返しなしに一方的なもの」(無償の贈与)とする立場があるが、前者の「等価交換」の関係は、本書でも繰り返し取り上げているように、一回の交換行為で完結し同盟を解消しかねないものであるし、後者の「無償の贈与」は、ナタリー・デーヴィスが『贈与の文化史—一六世紀フランスにおける』(みすず書房、二〇〇七)の序文冒頭で示しているように「グラングウジエのアルファバル支配」を出現させてしまう。ラブレーの『ガルガンチュア—第一の書』(岩波文庫、一九七三)で書かれているように、アルファバルは「金、銀、指輪、宝石、スパイス、薬や香水、オオム、ペリカン、オナガザル、ジャコウネコなど」を船に満載してグラングウジエからの贈り物にお返ししようとしたのだが、グラングウジエは受け取らない。受け取るのを断ることによって彼はアルファバルのカナール国を自らの属国にさせたのである。「これこそ無償性の自然の姿に他ならない」。無償の贈与も、寛大さ・鷹揚さの意図とは裏腹に支配と従属の関係を招来してしまう。

というわけで、贈与交換ないし互酬性・相互性の理論的検討はなかなか厄介なのである。本書の著者アンスパックはモースの議論を発展させ、復讐をはじめ「相手も同じことをするという条件で」なされるさまざまな慣行や行為を取り上げて比較し、その相互の関係をつきとめるという甚だ刺激的なやり方で議論を展開している。感心するのは人にマイナスの影響を及ぼす循環的プロセスや循環的因果関係をあらゆるところに見つけ出し、それが問題の根元であるとして、そこからいかにすれば抜け出すことができるか、議論を展開していることだろう。これは今日の日本で市民運動やNPO活動をしている人々にとっても活動を展開するにあたって重要な問題をなすわけだが、本書は問題への新しい見方やアプローチを提供するものであると思う。

アメリカ人である著者はパリのエコール・ポリテクニクで教えるジャン゠ピエール・デュピュイに見い出され、そのグループの中で活動を進めることになるが、循環的プロセスを考える際にはグレゴリー・ベイトソンのダブルバインド論を導入することの意義について早い時期に研究会で報告している。ダブルバインド状況から逃れることが、二つの論理レベルを区別し、その関係をうまく操ることであるなら、それは復讐の悪循環からの脱出にも同じように用いることができるに違いない。そこから繰り出され展開される著者アンスパックの刺激的な議論は読者も見てきた通りである。

アンスパックの議論は巧みに展開されているが、記述があまりにもコンパクトに済まされていて、多少わかりにくいかなと思われるところもあり、余分とは思うけれど若干の思いついたことをつけ加えておきたい。

（一）モース「贈与論」を起点として

アジア、アメリカ、オセアニアの原住民のもとでしばしば見られる社会構造に、人類学者の言う双分組織と呼ばれるタイプのものがある。その特徴は、単位は部族でも氏族でも村落でもよいのだが、その単位を二つの部分（半族）に分割するところにある。それぞれの半族は親密な関係で協働することもあるし、敵対的な関係になることもある。なぜこのような双分組織が現れるのだろうか。レヴィ＝ストロースは、このタイプの社会での婚姻の形式を研究した。たとえばこのタイプの社会で双方が交叉イトコ婚を行なっているケースを考えてみる。父方のイトコ同士、母方のイトコ同士、あるいは父方のイトコと母方のイトコ同士でもよいが、結婚がこのような関係にある男性と女性の間でなされるわけだ。この慣行が厳密に行なわれると二つの出自集団の間で常にヨメをやりとりする関係が生まれる。すると二つの出自集団の間で世代を超えた連帯が生じることになる。双分組織のこのタイプの社会構造においては、二つの部分に分かれた部族、氏族、集落はこのように女性をヨメとしてやりとりすることで連帯、同盟の関係を世代を超えて維持していることがわかる。

結婚のルールがもう少し狭くなり、交叉イトコ婚が母方だけで行なわれているとするとどうなるか。この場合は二つに分かれた部分間の関係でなく、三つ以上の集団間によってより複雑な関係が生じてくる。三つの集団をいまA、B、Cとすると、三集団の間で一方向的な関係が生じる。つまり、Aは常にBから、Bは常にCから、Cは常にAから女性を受け取るという関係である。ここで集団をAからNまで拡張してみれば、AからNまでの集団間で行なわれる女性のやりとりに関して一般交換の輪が形成されているのを読者は見るだろう。

ところで、個々の婚姻、女性の交換が、集団全体のレベルでこのような一般交換の輪を描き出すことを当事者たちは意識しているのだろうか。レヴィ＝ストロースは女性の交換が人々の意識的思考のレベルにあるとは考えていない。また、思われざる結果として生じるとも考えていない。たとえば母系的親子関係を持つオセアニアのトロブリアンド島の原住民のもとでは、父と子は親密な関係なのに、母方のおじと甥とは仲が悪い、あるいは父系制を持つコーカサスのチェルケス族のもとでは、父と子は対立し仲が悪いのに、母方のおじは甥を援助し、甥の結婚に際しては馬を贈るというように、当事者たちの間に見られるのは具体的な親族間の間柄における親密や反目・対立のパターンである。個々の婚姻、女性の交換にあたって意識化されているのはこのようなことだけだ。女性が交換の方向を決めている。つまりここにあるのは、「原住民の意識的思考」と「女性の交換によって集団全体のレベルで生じてくること」との大きな差異である。このことについてレヴィ＝ストロースは「未開人にあっては、ある慣行なり制度なりについての道徳的正当化や合理的説明を聞き出すのが困難であるのはよく知られている」（『構造人類学』みすず書房、一九七二、二三頁）と言っている。当の原住民たちの意識的思考にとどまっていては、個々の交換の行為が全体としてつくり上げている彼らのシステムに接近することはできないだろう。それではどうすればよいのか。

ここでレヴィ＝ストロースが拠りどころとした方法はよく知られている。無意識の構造、あるいは象徴的思考と言われるものである。私たちが日常的に言葉を話すときのことを思い浮かべてみればよい。正確に伝えようと表現を選ぶときを除いて、私たちは文法や言葉の選択などを意識することはない。まして音素の近接と対立によって組織されている個々の言葉の音韻体系上の位置などまったく意識されることはない。にもかかわらず私たちが言葉を語るのは、言語表現の行為を規制している法則や原則が私たちの無意識のレベルに位置しているからだ。レヴィ＝ストロースはこのような考え方についていて音韻学者N・トルーベツコイの方法から示唆を受けたことを語っている。そしてアジア、アメリカ、オセアニアの原住民（アンスパックはある程度まで現代の私たちにおいてさえも同じという）のもとで女性の交換を規制している法則も無意識的思考のレベルに求められるとして、それを『親族の基本構造』で示したのであった。

一九五〇年に「贈与論」を含むモースの論文集『社会学と人類学』が出版されるにあたって、これに「序文」を寄せたレヴィ＝ストロースの頭にあった考えはこのようなものであった。モースの仕事が叔父デュルケムと密接に関係していたことはデュルケムの「社会的事実」とモースの「全体的社会的事実」の関係などに見られる通りである。ところで社会的事実としての集合表象は今日ふうに言えば社会的に共有される価値と規範ということになろうが、デュルケムのもとではこれは人々の意識的思考のレベルにあるものであり、それゆえ家族や学校での教育によって伝達され社会化が行なわれると考えられている。ところがレヴィ＝ストロースは、慣行や制度などは無意識のレベルで作用すると述べるだけでなく、モースの「贈与論」においては彼の叔父の立場から抜け出していて、自分（レヴィ＝ストロース）の方向に踏み出している、としたのだ。このレヴィ＝ストロースによるモースの位置づけに対しては、「序文」発表当時からクロード・ルフォールなどによって偏った説明ではないかという批判はあった。

「序文」でのレヴィ＝ストロースは、モースがデュルケム社会学の立場から踏み出していることを高く評価するが、他方レヴィ＝ストロースの言う無意識の構造の立場にまで進んでいないこと、その中途半端さには不満を述べている。そして、そうした記述が贈与の精霊ハウと、マナの概念の説明に集中しているのである。レヴィ＝ストロースによると、モースが「新しい科学の入り口にまで到達していたのに、立ち止まってしまった。可能性の手前で立ち止まってしまった」(「序文」、巻末参考文献、レヴィ゠ストロース 一九七三、二九頁) 理由は、モースが最も根底にある現象を「交換」ではなく「贈与」に見たことである。これについては本書の中でアンスパックも触れているが (本書五九頁)、要するにレヴィ゠ストロースの考えでは、個々の家族 (集団) 間の交換があれこれの無意識のレベルでの法則や原則によって規制されて、全体のレベルでの一般交換を生じさせるのであり、このことを明らかにするのが重要であるのにモースは「交換」ではなく、贈り・受け取り・お返しする「贈与」という形の方が根源的と押さえたため、一般交換には至り得なくなったというのである。けれども、本書でアンスパックが示しているように (本書六一―六二頁)、そもそもレヴィ゠ストロースの交換分析とモースの贈与分析が視野に入れていたものはそれぞれ違っていたのだから、相互性や社会現象における循環的プロセスを考える際にはどちらも有用なのであり、むしろ両者間につながりをつけることこそが重要であったのだ。

モース「贈与論」のその後の研究としては、レヴィ゠ストロースと並んで本書でも取り上げられているマーシャル・サーリンズ『石器時代の経済学』の中での章「贈与の霊」に触れないわけにはいかない。まず、モースの用いているハウの議論は人類学者エルダン・ベストがマオリ人のインフォーマントであるタマティ・ラピナリから聞き取りしたものを根拠としているのだが、このモースの議論はラピナリの話を正しい文脈の中で受け取っているのかどうか、という問題がある。これについてはアンスパックも言うようにラピナリがハウについて語ったのは一般的に贈与に触れるところではなく、マオリ人たちが森で鳥を狩るときに、最初の獲物を森のハウにお返しするという儀礼の説明のコンテクストであった（本書五六頁）。しかし、とサーリンズは言うのである。このコンテクストは贈り物一般について転用できないものではない。そのかぎりモースはそう大きな誤りを犯したというわけではないが、初めに贈り物をくれた人に受贈者がお返しをするのは必ずしもハウのためではない。贈与の精霊ハウが元の持ち主のところに帰りたがるというだけならモースの言うように、贈与に第三の人物が登場するのは余分なことである。しかしサーリンズはやはりこの場合でも第三の人物は必要であるという。というのはマオリの人々の考え方に従うと、「ある人の贈り物は受け手によって資本として利用されるべきではない」（巻末参考文献、サーリンズ　一八九頁）のである。つまり贈り物を受け取った人が他の人にそれに関連して贈り、しかもお返しを受けとることにより何らかの余剰を手に入れる、あるいは受け取ったものを手元に置いて利用し余剰を手に入れるという場合、その余剰分は初めの贈り手に返されるべきであり、返されないときにはよくないことが生じる。このことを説明するためには第三の人物を登場させることが必要になるのだとサーリンズは言う。この文脈で考えると、ハウは精霊というよりも、贈り物が循環していく中で得られた、あるいは受け取られたものを用いて得られた「儲け」「利潤」を意味していることになる。

サーリンズはこのことを超えてモースの「贈与論」に政治哲学的な意味を読み取ろうとしている。

「未開社会」がもしホッブズの言うような自然状態に近いもので、集団（家族）同士で互いに敵対するものであったなら、人々はどのようにすればその状態を超えることができるのか。人工的な構築物レヴァイアサンへ主権を譲渡することは、もちろんここにはない。しかし、ホッブズの言うのとは違った形でも平和は実現できる。モースにとっては「あらゆるものに、あらゆる人に、あらゆる瞬間に及ぼされている交換こそ、その解決であったのであり、人々は贈り物を与えることで、人が自分自身（ハウ）を与えるのだとすると、万人は万人の精神的な同胞ということになってくる」（同上書、二〇四頁）。こうして、贈与はルソーの言う社会契約と似た役割を果たすものになってくる。アンスパックは、レヴィ＝ストロースとサーリンズの議論を検討しながら、その部分を巧みに、贈与につきまとう自らの循環的プロセスについての議論に組み入れているのである。

（二）家族・カップルにおけるやりとりの循環性

二人の個人、特に男女のカップル間のいがみ合う関係と親密さを深めていく関係を分析するにあたって、アンスパックはカナダの社会学者ジャック・ゴブーの「相互の借り」の考え方を取り入れている。ゴブーの仕事はわが国ではほとんど知られていないし、アンスパックの取り込み方もかなり自由なものであるから、ここで少しゴブーの仕事に触れておくのがよいかもしれない。

今日の社会は、それぞれの人の必要と好みに従って財とサービスを簡単かつ効率的に手に入れることができる市場のシステムを持っている。また福祉の制度では国家を介した再配分のシステムも有している。それなのに今日の社会で私たちはプレゼントをし合い、食事やパーティーに招待し合い、そうすることで却って生活を不確かで複雑なものにしている。これはどうしてなのだろうか。ゴブーが『贈与、借り、アイデンティティ』（巻末参考文献、Godbout 2000）において始めるのはこの問いからである。

家族や友人たちからなるつながりを社会学では第一次的なつながりと言い、もっと広い関係の第二次的つながりから区別するが、プレゼントや招待などの贈与は第一次的つながりのネットワークの中で循環する。ところで社会学者たちによれば、デュルケムからT・パーソンズに至るまで、現代の家族は過去の家族に見られたような拘束から自由になってきているという。財やサービスの生産に携わることはなくなり、実物経済の世界から抜け出して、それらについては市場で必要を満たすようになっている。その結果、家族はそれまで持っていた経済やその他の機能を失い、残されている機能は家族感情の場、情緒的必要を満たすだけの場になっている、というわけである。これに対し、家族経済学の立場では、結婚・離婚・子持ち・養育・教育機会など、すべてはコストとベネフィットの計算に従ってなされると分析する。どちらが現実に近いのであろうか。

ゴブーはケベックのさまざまな社会階層に属する四一人を対象に調査を行なった。その結果次のようなことが浮かび上がった。家族ネットワークの中で循環するのは（1）誕生日やクリスマスのプレゼントなどの物、（2）出産時の手伝いなどのサービス、（3）訪問や宿泊などのホスピタリティ、の三種類である。被調査者の回答の中ではプレゼント交換が最も多いが、サービスの交換も頻繁に出てくる。老親の世話はもちろん、結婚した娘が出産するときは母親や姉、義母が出かけていき家事を代わって行なう。子どもが生まれれば子どもを介した行き来も増える。被調査者の一人は「以前、世話する子どもがいない時期がありましたが、そのときには親との行き来はありませんでした」という。旅行も、子どもがいれば山や海に行きホテルに泊まるより、たいていは田舎に住んでいる親元を訪れる。これらは日本の場合と同じである。要するに親族や家族ネットワークに属している人々とのつきあいは、市場で提供されるサービスを利用することもあるが、市場に対しては距離を取る傾向にあるのだ。デュルケム－パーソンズのテーゼで言われているのとは違って、現代の家族は実物経済から遠ざかっているというよりも、それぞれのネットワークの中で財とサービスの交換を果たし続けている。

他方、家族経済学に対してはどうか。いま見たように家族は市場を利用することもあるし、市場の原則に従う交換や財、サービスの循環もないわけではない。家屋や部屋を貸して賃料を受け取ったり、税務処理を頼んで謝礼を払うこともある。しかしその場合でも、市場と家族・親族では大きな違いがあるとゴブーは言う。なるほど後者においても財やサービスは交換されるけれども、市場の法則に厳密に従っているわけではない。賃料や謝礼の額は市場の相場とは違う。家族ネットワーク内で財とサービスが循環するときに基準ないし原則となるのは、収入や必要度、名声なのである。家屋や部屋の所有者の収入に応じて、また借りる側の収入や必要度に応じてその金額は変わってくる。それに家族や親族を相手に利益を上げたりすれば、それは相手に対して返す必要のある借りをつくってしまうことにもなる。だから家族・親族のネットワークの中で生じる利益や利潤は存在の困難なものなのである。

市場での交換と家族ネットワーク内での財・サービスの循環の原則の違いは、外から眺めてわかることである。では親族ネットワーク内でこの原則はどのように体験されているのであろうか。ここでのゴブーの分析は興味深い。アンスパックが本書で巧みに取り込んでいる「相互の借り」「相互の貸し」という考え方が出てくるのもここである（本書第3章「グラスを洗うのは誰？」）。アンスパックはゴブーを少し変えているがそれはあとで見よう。日本語では、借りをつくる・借金をする・負債を持つという言葉と、恩に感じるという言葉は別の言葉である。しかしフランス語ではどちらもla dette（動詞では devoir）となり区別されない。誰かからお金やものを借り必ず返済しなければならない負債も、好意から便宜を受けたことを長く恩に感じることも、ともに dette で表現される。ゴブーは被調査者たちの話を分析していき、この二つのことが体験としては区別されていることに注目させる。すると親族ネットワーク内での循環をめぐる問題は「お返しすべき贈与を受け取ること」（借りをつくること）と「恩に感じること」を明確に区別することに尽きることになる。

被調査者たちは、関係の濃密さが異なるとして、人から好意を受け「恩に感じること」を「お返しすべき贈与を受け取ること」(返済すべき借りをつくること)から区別している。恩に感じるのは契約にもとづき返済することとは違うし社会的義務を果たすこととも違う。典型的にはどこに見られるだろうか。本書の中でアンスパックも取り上げているように、それはカップル内での家事の分担に見られる。ここでは「本物の贈与を受け取ること」と「恩に感じること」との間の境界は曖昧である。両者の定義が同一であれば問題はないが、一致せず問題が生じたときには深刻なことになる。本書の中で読者が見てきたように「相互のマイナスの借り」のサイクルが働き出すからである。

見方を変えるとこうなる。家族ネットワーク内では援助を必要としている人、困窮している人は、富裕なメンバーから援助を受け続ける。ネット・レシーバーになる。贈与交換での普通なされる議論では贈与交換は相互的であるから、関係がこのように一方向的になれば贈与者は受贈者に対してパワーを持つことになり、支配と従属の関係がそこに生じてしまう。しかし家族ネットワークの中ではそうならない。なぜかというと、家族ネットワーク内では「贈与を受け取ること」と「恩に感じること」が区別されているからなのである。ゴブーがインタビューした人々も、体験としてはいずれお返しがされるべき「贈与」(le don)と「恩に感じること」(le dû)とを区別する。しかしフランス語では「贈与」と「恩に感じること」とが日常的には同じ言葉であるために、この区別をするのに苦労していたのだ。それゆえ「負債」とは区別される「借り」についてうまく表現できないでいたのである。

ゴブーが導入している区別を用いればことははっきりする。被調査者たちが言っているのは「私は恩義を感じますが、それは借りを持つこととは違います」だったのである。贈与には何らかのお返しが必要だが、恩義にはそのような義務は伴わない。というよりも家族ネットワークの中で、誰かからの好意を受けてそれを恩に感じている人は、その関係をそこにとどまりたい状態として体験している。「プラスの価値としての恩は、恩を受ける喜びである」とゴブーは言う。その場合の好意は「優しい親密な心からなされたもの」であるからだ。そして恩を受けた人は何らかの仕方でそれに応えたいと思う。アンスパックはこれを「相互のプラスの借り」として定式化するのである。ゴブーは「プラスの恩義・借り」は次の言葉に示されるという。「彼はいつでも、私が彼よりも多くの家事をやっていると思っているみたい。私はというと、彼の方が私がするより多くのことをやっていると思う。いまの状態はとてもいいと思う」。「相互のマイナスの借り」から「相互のプラスの借り」への移行についてアンスパックは、信頼による飛躍が必要であり、そこでは循環性の保存とともに二人の見ている時間方向に逆転が生じていることを指摘している（本書一二三頁）。ゴブーはそこまで議論を進めていないが、アイデアは確かにここにある。

アンスパックは第3章での「賢者の贈り物」分析に見られるように（本書一三七頁）、現代のカップルのもとで、「相互のマイナスの借り」から「相互のプラスの借り」への移行はいかにしてなされるかをもっぱら考えている。この点で『贈与、借り、アイデンティティ』のゴブーとは少しニュアンスが違っている。調査にもとづいて経験的に考えるゴブーでは「相互のプラスの借り」の状態は必ずしも永続するものではない。「同一の人物のもとでも借りから恩への移行がある。実際の贈与の関係は借りと恩の両端の間のどこかに位置しているのであろう」（巻末参考文献、Godbout 2000, p.50）。「相互のプラスの借り」は貴重ではあるが不安定で「相互のマイナスの借り」に戻ってしまうこともよくある。そう考えているのである。

（三）市場における循環的因果関係とネオリベラリズム批判

もう一つ触れておきたいことは、著者アンスパックと社会思想家でエコール・ポリテクニク教授であるジャン＝ピエール・デュピュイの関係である。本書の中でもデュピュイには何度も言及され引用もされている。本書「はじめに」に書かれているように、デュピュイはアメリカ人学生である著者を見い出し自らの研究グループに参加させ、発表の場を与えた。著者にとってデュピュイはメンターとしての役割を果たしている。それだから一緒の研究会やシンポジウム、あるいは論文や著作を通じて扱う問題・アプローチに共通したものが多く見られることに不思議はない。一九九二年に出版されたデュピュイの『社会科学入門―集合現象の論理』（巻末参考文献、Dupuy 1992a）はデュピュイがパリのエコール・ポリテクニクで教える際に用いた教科書であるというが、文章のスタイルからすると講義ノートであろう。この『社会科学入門』を開いてみると、個人主義と全体論、理性の狡知と「主体のない歴史」、生物体から人工機械に至る自律システム、「首領と情緒の絆でつながる群衆とその解体としてのパニック」などとともに、アダム・スミスの「見えざる手」から複雑性、自己超越、そしてハイエクの市場論までもが扱われている。これらのテーマはまた、本書のあちこちで読者が出会ったものでもある。とするとアンスパックはメンターであるジャン゠ピエール・デュピュイの仕事をなぞっているということになるのだろうか。

そうではない。本書を貫くテーマは贈与（復讐）の相互性であり、個人レベルと集合レベルとの間にある循環的因果関係の存在ということである。このような視点から見ると今日の社会で解決の難しいギャレット・ハーディンの言う「共有地の悲劇」問題やマンサー・オルソンの言う「フリーライターの発生」などの問題も、気づかれていない循環的因果関係の存在と関わることが見えてこないだろうか。そしてこの見方の射程は、市場の問題性にまで及ぶのである。アンスパックの立場ははっきり示されている。どこまでも経済行為者の自由な決定に委ねて福祉の分野さえも例外とせず規制緩和を求めるネオリベラリズムへの批判である。とするならば、個人レベルと集団レベルとの間にある循環的因果関係の分析という道具立てで、彼はネオリベラリズムをどのように批判するのであろうか。

リベラリズムは経済の世界ではすべてを経済アクターの自由な競争に委ね、国家の介入を取り除き、市場に出現する価格や利潤率に対応して人々が行動するとき、人々を最も効率的で豊かな社会へと導くという。アダム・スミスの「見えざる手」の議論がそうであたったし、経済の計画化を批判するハイエクの主張もそのようなものと思われていよう。もっとも結論は同じであってもスミスとハイエクでは議論の仕方や内容はかなり違っている。スミスが「見えざる手」を全面的に信頼することができたのは、経済人の自由な活動が社会的分業を発展させ、それが社会の底辺にまで行き渡る豊かさをもたらすと考えたからであった。それはまた、資本投下と市場構造の理論とも結びついていた。工業がまだ発展の低段階にあった時代の人スミスは、農業・工業・商業を比較し、それぞれの部門での生産的労働の運用効率を比較したが、彼によれば農業が最も多くの余剰を生み出し、工業がこれに次ぎ、商業が最後にくる。それゆえ、スミスにおいては、「見えざる手」の導きに従って経済人が行動することの結果は「市場の制約から、農業→工業→商業と資本が順次あふれ」出ることで最も効率的で豊かな国民経済を生み出すはずだったのである。

ハイエクにはこれほど素朴な主張はできなかった。市場での経済人たちの競争とそこで生じる価値法則は周期的な恐慌をもたらし、多くの人々を破滅へと追いやるものだった。人間たちを彼らの生活には疎遠な市場の動向に翻弄されないようにするために、社会主義的経済計画が対案として提出され、社会主義ソヴィエトで実験されていた。ハイエクが、そもそも社会主義が原理的に成り立つかをめぐる社会主義「計算論争」に参加していたことは知られている通りである。市場のメリットを論じるにあたってスミスのようには素朴ではいられない。もっと手の込んだ議論になっている。そしてこれが今日のネオリベラリズムを支える根底の理論となった。アンスパックが本書の中でハイエクの議論を組上に乗せるのはそのためであり、またジャン＝ピエール・デュピュイもこの理由からハイエクの理論をくり返し論じていた。

ハイエクはなぜ、社会主義経済の計画化は可能でないと考えたのか。それは経済活動に従事する人々が持つ知識の性質のゆえである。近代的生産のためには精巧な装置が要り、そのためには意思決定がなされ、新しい工場が建設され、新しい生産過程が導入されることになるが、計画化によって工場がひとたび建設されてしまえば、あとは多かれ少なかれ機械的な作動になりルーティンワークとして処理できると思われるかもしれない。しかし、そうではないとハイエクは言う。競争的な産業ではコストの高騰をいかに抑えるか考えねばならないし、同じ装置や装備を設置するにしても実にさまざまなコスト計算が成り立つ。これらについての知識は現場の人しか持たず、また現場の人しか利用できないものである。このように経済の現場には「組織されていない膨大な知識」が存在している。しかしそれらはその性質上統計には反映されないし、国家計画委員会のような当局には伝達されない。「統計情報にもとづく中央計画は、その性質自体によってこれらの事情を考慮に入れることができない。そこでこれらの諸事情に依存するような諸決定は「現場の人」に残さざるをえない」（『市場・知識・自由』ミネルヴァ書房、一九八六、六二頁）のである。

これに対して市場にいる個人には「経済計算」ができる。それはこの問題が価格システムによって解決されるからである、とハイエクは言う。ただし彼は、市場において供給曲線と需要曲線が交点で均衡するように、それが自動的になされ単純に相殺されるからと考えたのではない。市場では個人たちが現場で生じた変化に対して絶えず対応しようとしているからなのである。ハイエクの挙げているスズの例がわかりやすいかもしれない。いま世界のどこかで新製品が開発され、その生産にはスズが必要であるとする。スズの使用にとって新しい機会が生まれる。そしてある人々はスズの新需要が生まれたのを知り、スズ資源をこの新しい需要に振り替えるなら、そこで生じた需給ギャップに気づいた人が今度は他の源泉からそのギャップを満たすであろうし、その効果は急速に経済システム全体に広がる。スズのあらゆる使用だけでなく、スズの代替品やその代替品の代替品の使用、スズからつくられるあらゆる物およびその代替品の供給等にまで影響は及んでいく。しかし、市場の中にいてその動向に力を貸した大多数の人々は、その原因について何も知らないのにそのように行動する。ここでは、人々は「現場の知識」を生かしながら行動する。

そこで市場の驚くべき働きが生じるとハイエクは言う。「どの商品に対しても一つの価格があるというだけの事実が過程に関係のあるすべての人々の間に、実際には分散している全情報を所有するただ一人の人によって達成されたであろう解決を成し遂げるのである」(同上書、六七頁)。というわけで「経済計算」は計画を担当する中央当局によってではなく、市場によって、市場の価格システムによってなされる。そしてよく知られているように、ハイエクはこの価格システムが人々を正しいところに導くという。「価格メカニズムによって、ほんの一握りの人しか原因を知らないのに、大多数の人々は正しい方向に動くのである」（同上書、六八頁）。

アンスパックやジャン＝ピエール・デュピュイがハイエクを取り上げるのはこの部分に関してである。市場はハイエクの言うような仕方で作動するとしても、いつでも「正しい方向に向かう」のであろうか。「正しい方向に向かう」というのをデュピュイは次のようにとらえ直す。市場の動向は個人たちをして同一の方向に視線を向けさせることであると。そして、このように考えることがまた市場をして自動的に均衡に向かわせるし、しかもその均衡は効率のよい社会状態であると考えさせることになると。もちろん市場がこのような自己組織化の能力を持てるのは、個人が市場の均衡から外れる行動を取れば個人にとっては収入減少や破産をもたらすからである。そこでは価格メカニズムから離れて個人が成功することはない。そこから逸脱すれば、個人は市場の動向にマイナスのフィードバックを返すことになるからである。デュピュイはハイエクの言う価格メカニズムをこのような形で理解し直すのである。

ところでデュピュイは、このマイナスのフィードバックはハイエクが市場での行為者を「互いに模倣し合う存在」と考えていることに関係すると指摘する。市場にいる行為者たちが互いに模倣するときに生じるのはこういうことだ。市場にAとBの二人の個人がいるとする。そしてAとBは相互に模倣する。市中でのうわさからAはBが対象Oを欲しているのを知る。Aは先手を打ちOを入手してそれをBに見せる。このときBがOに関心を示すなら、Aの推測ないし読みは正しかったことになる。

実は読みの根拠はうわさであり確たるものではないが、その読みが自己実現したわけである。デュピュイはこのモデルをもう少し拡張する。A、Bよりもっと多くの人数が集団をなしているとし、集団の成員がすべて相互に模倣する場合である。この場合は行為者のつくるシステムは自己閉鎖的になり、成員の数が多くなればなるほど、根拠のないうわさにもとづく読みは客観的な判断としての効力を持つことになる。「つまり、うわさがばかばかしいものであり、人々の視線を引きつけるものがつまらないものであっても、模倣の作用は多数の人々の視線を一斉にそこに集めることになる」(巻末参考文献、デュピュイ 二〇〇三、三五二頁)。こうして人々に求められる対象はそのようなものとして安定するが、それとともに求められる理由が根拠のないものであったことは忘れられ、忘れられることで一つの均衡状態が成立していると言ってもよい。ハイエクの言う模倣し合う行為者たちのつくる市場とはこのようなモデルで説明されるものではないか。デュピュイはそう言う。そしてこのモデルではいつでも均衡が出現するわけでないことを指摘するのである。

市場が「正しい方向を示す」ものでないことを岩井克人はケインズの言う「美人投票」のモデルによって説明している(「グローバル経済危機と二つの資本主義論」『学術の動向』日本学術会議、二〇〇九年六月号、九〇－九三頁)。ここでの美人投票は票を入れる人が自分で美人と判断しその女性に投票するのではなく、他の投票者たちの票を最も多く集める女性が誰かについて投票するものである。実は美人についてい投票しているのではなく他人の判断の帰趨について投票するのであり、株式市場で投資家たちが振る舞う際の行動もまさにそのように行なわれる。つまり、こうした行動は「客観的な需給条件や主体的な需給予測とは独立に、ささいなニュースやあやふやなうわさなどをきっかけに、突然価格を乱高下させてしまう本質的な不安定性を持っている」(同上書、九〇頁)のである。もっとも、こう言ったとしても他人を模倣することは必ずしも不合理なことではない。何が本当のことかわからないときには、他人の行動を真似るのは本当のことを知っている他人の知識を利用できるかもしれないから合理的なのである。しかし、個人レベルの行動としては合理的であるとしても、集団レベルでは非合理な結果を生み出してしまう。現代の資本主義経済の問題としてしばしば論じられることである。

この話には続きがある。スペイン市民戦争に参加した経験から旧ソ連社会主義の批判者になった作家アーサー・ケストラー主宰によるシンポジウム、「還元主義を超えて」が一九六八年にアルプバッハで開催された。このシンポジウムにハイエクも生物学者ポール・ワイスとともに出席する。そしてポール・ワイスの報告を聞いて、ハイエクは市場の複雑性を考える際の手がかりとして生物体における免疫メカニズムの複雑性に関心を持ったのである(本書一五六頁)。(このときのハイエクの報告は、生物体の免疫メカニズムには言及していない)。このあとでハイエクを信奉するネオリベラリズム論者は市場の持つ均衡回復の能力を論じるにあたって免疫系メカニズムを援用するようになっていく。

こうしてアンスパックは、「市場の自律性」や「均衡の自己回復能力」を論証しようとする「免疫系の自己回復能力を援用する議論」に反論する必要を感じ、「アトラクター」についての議論や、「内在する超越と外に出る超越」の議論を展開することになったのである（本書第4章）。これらが現時点での免疫システム研究やアトラクター論の展開に追いついているかどうかわからないが、著者はこれらについても、個人と集団の二つのレベルにおいて、循環的因果関係や自己超越の見方からアプローチできる可能性を示して見せたと言えるだろう。

杉山光信

二〇一二年一月

著者紹介

マルク・R・アンスパック（Mark Rogin Anspach）

1959年生まれ。ハーバード大学を優等（B.A. cum lauda）で卒業し、1988年にパリの社会科学高等研究院で博士（人類学）、1991年にはスタンフォード大学で学位（文学）を得る。現在はパリのエコール・ポリテクニク（理工科大学）に設置されている CREA（応用認識論研究センター）の研究員。最近著作に『ミメジス的エディプス』（2010）がある。

訳者紹介

杉山光信（すぎやま　みつのぶ）

1945年東京に生まれる。東京大学文学部卒業。東京大学新聞研究所教授を経て、現在、明治大学文学部教授。著書に『戦後啓蒙と社会科学の思想』（1983、新曜社）、『学問とジャーナリズムの間』（1989、みすず書房）、『戦後日本の＜市民社会＞』（2001、みすず書房）。訳書に Ph. アリエス『＜子ども＞の誕生』（共訳、1980）、C・ギンズブルグ『チーズとうじ虫』（1984、以上みすず書房）ほか。

悪循環と好循環

互酬性の形／相手も同じことをするという条件で　（検印廃止）

2012年2月15日　初版第1刷発行

訳　者　杉　山　光　信
発行者　武　市　一　幸

発行所　株式会社　新　評　論

〒169-0051 東京都新宿区西早稲田3-16-28
http://www.shinhyoron.co.jp

TEL 03（3202）7391
FAX 03（3202）5832
振替 00160-1-113487

定価はカバーに表示してあります
落丁・乱丁本はお取り替えします

装幀　山田英春
印刷　フォレスト
製本　河上製本

ISBN978-4-7948-0891-2
Printed in Japan